Joseph von Eichendorff
Ein biografischer Roman

Der Dichter kann nicht mit verarmen;
wenn alles um ihn her zerfällt,
hebt ihn ein göttliches Erbarmen,
der Dichter ist das Herz der Welt.

HERMANN MULTHAUPT

Joseph von Eichendorff –
Ein biografischer Roman

und die Welt hebt an zu singen

Bibliografische Information der Deutschen Nationalbibliothek
Die Deutsche Nationalbibliothek verzeichnet diese Publikation in der Deutschen Nationalbibliografie; detaillierte bibliografische Daten sind im Internet über http://dnb.d-nb.de abrufbar.

Besuchen Sie uns im Internet unter:
www.st-benno.de

Gern informieren wir Sie unverbindlich und aktuell auch in unserem Newsletter zum Verlagsprogramm, zu Neuerscheinungen und Aktionen. Einfach anmelden unter www.st-benno.de.

ISBN 978-3-7462-3875-3

Umschlaggestaltung: Ulrike Vetter, Leipzig
Umschlagfoto: © vencav/Fotolia
Vignetten: © Tolchik/Fotolia
Gesamtherstellung: Kontext, Lemsel (A)

Inhalt

Auf Schloss Lubowitz

Wie still die Welt war. Es war ihm, als rege sich kein Laut. Und doch war die Umgebung voll von auf- und abschwellenden Tönen. Ein Pferdekarren fuhr, unter Peitschenknallen des Kutschers, unten auf dem Hohlweg an ihm vorbei. Aus der Ferne drang das kreischende Geräusch eines von einem Mühlrad angetriebenen Sägewerkes. Doch darauf hörte er nicht. Sein Kopf war voll von Gesängen. Er konnte sie nicht einwandfrei ordnen. Das Jubilieren der Vögel mischte sich darunter, der Finkenschlag, das Trillern der Lerche, des Kuckucks einsilbiger Ruf, aber war das echt oder nur Teil seiner Einbildung? Ja, er musste aufhören zu träumen.

Wie oft saß er hier auf seinem Stammsitz im hohen Baum und blickte in die Welt? Der Gipfel war nah, das Blätterdach wölbte sich über ihm und das Grün erstreckte sich, so weit das Auge schaute. Zwei Astgabeln, wie durch eine Laune der Natur kreisförmig verbunden, bildeten den idealen Sitzplatz für seinen Aufenthalt in Gottes freier Natur. Hier hielt er sich am liebsten auf, nicht in den hohen, weitläufigen Räumen des Schlosses mit den großen Spiegeln, den tickenden Uhren auf den Marmortischchen, den weißschimmernden Rokokomöbeln mit den Sesseln, auf denen er nur Platz nehmen durfte, wenn er eine saubere Hose trug. Der Vater duldete es auch nicht, wenn er ungefragt in der Bibliothek herumstöberte, die alten in Schweinsleder gebundenen Bücher aus den Regalen nahm. Er musste den Vater höflich bitten, dann öffnete sich ihm – mit gewaschenen Händen – das Reich der Literatur. Noch konnte er nur die Bilder bewundern, die Stahlstiche und Zeichnungen. Ob er eines Tages auch Bücher schreiben würde? Vielleicht sollte er mit einem Tagebuch beginnen, in dem er alles notierte, was ihn bewegte, was er erlebte und in seiner Umwelt geschah. Aber zunächst musste er Lesen und Schreiben lernen, das war wichtiger als Rechnen. Der Vater teilte diese Meinung nicht. Er sagte, gerade die Mathematik sei lebenswichtig. Ohne sie könne man das Schloss und die Güter nicht verwalten. Man müsse mit spitzer Feder rechnen und dürfe sich keinen Lapsus erlauben. Spitze Feder – alle Federn auf Vaters Schreibtisch waren doch spitz. Was konnte da noch schiefgehen?

Wie blau der Himmel war … In der Ferne, jenseits der Oder, segelten ein paar dichte weiße Wolken vorüber. Sie überquerten mit Leichtigkeit die blaugrünen Wälder, die sich am Berghang entlangzogen. Wohin sie wohl unterwegs waren? Wie gern würde er ihnen nachreisen in die unbekannte Ferne. Doch er war ja gerade erst fünf Jahre alt. Noch blieb er, wo er geboren war: in Lubowitz. Hier war er zu Hause. Hinter sich, in dem verwunschenen Garten, hörte er die Springbrunnen rauschen. Dem Park am Schloss galt seine ganze kindliche Liebe. Hier konnte man sich bequem in den Haselnussbüschen und Rhododendronsträuchern verstecken, wenn Wilhelm, der zwei Jahre ältere Bruder, ihn suchte. Meist waren sie unzertrennlich, vor allem, wenn sie Streiche ausheckten, die Mägde im Wirtschaftsflügel erschreckten oder dem Stallburschen einen Bund Stroh von der Heubühne auf den Kopf warfen. Doch oftmals war er auch gern allein. Träumen kann man nicht zu zweit, da kommt man sich ins Gehege. Träumen kann man nur für sich, weil die Gedanken ihren eigenen Auslauf brauchen. Dann verwandelt sich die Umgebung in ein Märchenparadies, in dem man seine erfundenen Gestalten auf die Reise nach Nirgendwo und Überall schickt.

„Seppel!“

Das war die Mutter. Joseph zuckte zusammen. Der Ton in

Mutters Stimme verriet, dass Eile geboten war. Essenszeit war nicht, die Schlossuhr hatte noch nicht fünf Uhr geschlagen. Es musste einen anderen Grund geben, weshalb die Mutter ihn so unverhofft herbeizitierte.
„Seppel!“
„Ja, Mutter! Sofort. Ich komme.“
Joseph glitt aus dem Baumsitz und rutsche, Ast für Ast, den Stamm hinab. Als er auf dem Boden angekommen war, klopfte er sich den Staub aus Hemd und Hose und rannte der Mutter entgegen.
„Komm schnell, Seppel, der Kaplan ist da.“
„Der Kaplan? Bei dem ich Lesen und Schreiben lernen werde?“
„Ja, mein Junge.“
Die Mutter musterte ihren Sohn, fuhr ihm mit der Hand flüchtig durchs Haar. „Du wirst dich umziehen müssen, Joseph. So wollen wir dem Herrn Kaplan Heinke nicht unter die Augen treten.“
Sie betraten das Schloss von der Gartenseite und Joseph eilte der Mutter voraus in sein Zimmer. Im Schrank hingen die Anzüge, die festlichen und die halbfestlichen. Joseph mochte sich nicht gern in die festlichen mit Rüschenbluse und Krägelchen kleiden.
„Den Zopf werde ich doch nicht aufsetzen müssen, oder?“
Mutter Karoline von Eichendoff lächelte. „Nein, Seppel, so festlich ist die Prozedur nicht. Kannst die Perücke also hängen lassen. Aber wir wollen schon einen guten Eindruck machen, wenn du dem Herrn Kaplan vorgestellt wirst.“
Ein paar Augenblicke später betraten sie die Bibliothek, wo der Vater mit ernstem Gesicht vor der Bücherwand auf und ab ging, während der Besucher, den Hut in der Hand, am Kamin stand und den Bewegungen des Freiherrn folgte. Bruder Wilhelm war schon anwesend und grinste Joseph entgegen.

„Hier, mein Sohn, ist dein und Wilhelms Hauslehrer, unser Hofmeister, der euch hoffentlich bald das ABC beibringen wird“, erklärte der Vater feierlich.
„Das ABC kenne ich schon lange“, erwiderte Joseph stolz, „ich muss es nur anwenden lernen.“
„Das soll mit meiner Hilfe ab morgen geschehen“, sagte Kaplan Heinke sich verbeugend und gab dem jungen Freiherrn die Hand. „Stets zu Ihren Diensten, Herr Baron.“
„So förmlich wollen wir es nicht halten“, sagte die Mutter. „Wilhelm und Joseph sind Schüler, und entsprechend sollen sie behandelt werden.“
Damit war die Audienz fürs Erste beendet. Wilhelm und Joseph wurden mit artigen Worten entlassen, während ein Diener eine Flasche Sekt mit drei Gläsern hereinbrachte und die Eltern sich mit dem neuen Hofmeister noch eine Weile unterhielten. Schließlich hob Adolf Theodor Rudolf von Eichendorff das Glas: „Die Einzelheiten unseres Vertrages sind besprochen und genehmigt. Das freut uns sehr. Auf eine gute gemeinsame Zukunft! Ich wünsche Ihnen bei der Erziehung unserer Söhne eine glückliche Hand.“

Spekulationskäufe und -verkäufe des Freiherrn Adolf Theodor Rudolf von Eichendorff sorgten unterschwellig für Unruhe im Haus. Die Freiin Karoline geb. von Kloch versuchte die dadurch entstandenen Spannungen zu entkräften. Die Viehwirtschaft, die ihr oblag, gedieh vortrefflich. Lubowitz lebte vornehmlich vom Ackerbau mit den Schwerpunkten Getreide und Schafhaltung. Sechs Reit- und Wagenpferde sowie achtzehn Arbeitspferde standen im Stall, außerdem zwölf Zugochsen samt Zuchtbullen. Etwa fünfzig Kühe und Kälber sowie sechshundertfünfzig Schafe weideten auf den Berghängen und Talwiesen. Aus dem kleinen Dorf Lubowitz mit seinen 68 Einwohnern kamen fünfundzwanzig Helfer

zur geregelten Arbeit auf den Gutshof, unterstützt von sechs Häuslern. Die Schlossgeschäfte oblagen einem Verwalter und einem Amtsschreiber. Drei Kutscher standen zu Diensten, darüber hinaus zwei Stalljungen, zwei Hofmägde und ein Ochsenfütterer.
Der Hausherr verwaltete mal mit mehr, mal mit weniger Glück neunzehn Betriebe, Schlösser und Gutshöfe in der näheren und weiteren Umgebung, die nicht immer den erwarteten Ertrag abwarfen. Einige Güter mussten verkauft, andere getauscht oder neu erworben werden. Deutsch-Krawan, Radoschau, Sedlnitz im österreichischen Mähren, das gespensterhafte Burgschloss Tost-Peiskretschan, das hoch über der alten Salzstraße von Krakau nach Breslau lag, das Gut Slawikau mit den Betrieben Gurek und Summin auf beiden Seiten der Oder … Joseph kannte am Ende nicht einmal alle Namen der bewirtschafteten Güter. Zeitweise geriet auch das geliebte Lubowitz, das der Vater seiner Schwiegermutter Marie Eleonore im maroden Zustand abgekauft und aufwendig saniert hatte, in Gefahr. Die neue Gesetzgebung Friedrichs II. im zu Preußen gehörenden Oberschlesien regelte vieles neu und gab der adeligen Gesellschaft Raum für Spekulationsgeschäfte, stärkte allerdings auch die Rechte der Bauern. Der König wusste offenbar, dass nur zusammenhängende Anbauflächen die Garantie für eine gesunde Landwirtschaft und den nötigen Kapitalfluss waren. Die Menschen in der etwa zehn Kilometer entfernten Kreisstadt Ratibor schätzten die landwirtschaftlichen Erträge der Eichendorffschen Produktionsbetriebe. Außerdem legte der „Alte Fritz“ großen Wert auf die Förderung des Bergbau- und Hüttenwesens. Ja, für ihn war Schlesien die Krone Preußens …
Im September 1793 war Kaplan Bernhard Heinke als Hofmeister in die Dienste der Edelleute von Eichendorff getreten. Er gab sich alle Mühe, den beiden Jungfreiherren Wil-

helm und Joseph die Freude an den allgemeinen Lehrfächern Lesen, Schreiben und Rechnen, Literatur und Kunst zu wecken. Der Erfolg sollte nicht auf sich warten lassen. Beide Brüder waren nicht nur begabte und gelehrige Schüler, sondern folgten dem Unterricht mit Begeisterung und Aufmerksamkeit. Wie in katholischen Adelshäusern üblich – und hier musste man sich von den mehrheitlich protestantischen Adelsfamilien abgrenzen –, legten die Eichendorffs auch großen Wert auf eine religiöse Bildung und Erziehung. Joseph konnte sich so tief in das Leben und die Leidensgeschichte Jesu versenken, dass ihm die Tränen kamen.

„Warum musste Jesus am Kreuz sterben? Warum hat sein Vater im Himmel ihn nicht gerettet?", fragte er immer wieder den Kaplan.

Hofmeister Heinke begründete den Kreuzestod mit der Liebe des himmlischen Vaters zu den Menschen, damit sie alle erlöst würden.

„Erlöst? Wovon?"

„Das ist eine lange Geschichte. Da müsste ich bei Adam und Eva beginnen."

„Wenn Gott allmächtig ist, warum lässt er Jesus so sehr leiden? Er hätte doch ein Machtwort sprechen können – und alles wäre gut gewesen."

Kaplan Heinke kam ins Schwitzen.

Was Joseph in der Kindheit persönlich erlebte, legte er später dem Grafen Friedrich in „Ahnung und Gegenwart" in den Mund, dem der Hofmeister in Kindertagen jeweils ein Kapitel aus der Leidensgeschichte Jesu vortrug. „Ich nahm das Buch und las es für mich ganz aus. Ich kann es nicht mit Worten beschreiben, was ich dabei empfand. Ich weinte aus Herzensgrunde, dass ich schluchzte. Mein ganzes Wesen war davon erfüllt und durchdrungen, und ich begriff nicht, wie mein Hofmeister und alle Leute im Hause, die doch das alles schon lange wussten, nicht ebenso gerührt waren und auf ihre Weise so ruhig fortleben konnten."

Am 27. Dezember 1791 war den Brüdern eine Schwester geboren worden, Henriette Sophie. Sie war schwach auf der Brust und ihr Herz schlug so unregelmäßig, dass die Ärzte Zweifel hatten, ob sie ihr Leben über Jahre würden erhalten können. Nun stand im Oktober 1793 die Geburt eines weiteren Geschwisterchens ins Haus. Ob es ein Junge oder Mädchen würde, stand in den Sternen. Die Jungen wünschen sich natürlich einen weiteren Spielkameraden, denn daran mangelte es in Lubowitz, weil die meisten Buben in ihrem Alter ihren Eltern auf den Feldern oder in den Werkstätten längst zur Hand gehen mussten, oder als Schaf- und Ziegenhirten ihren täglichen Dienst versahen. Welches Privileg, von einem Privatlehrer unterrichtet zu werden ...
Besonders das Schreiben machte Joseph Spaß. Er absolvierte nicht nur das tägliche, ihm vom Kaplan aufgetragene Pensum zur großen Freude seines Lehrers, er begann auch, Tagebuch zu schreiben, so wie er es sich schon lange vorgenommen und gewünscht hatte. „Pro memoria" nannte er die Notizen. Im Alter hoffte er sich seiner Kindheit dankbar zu erinnern. Vielleicht würden die Aufzeichnungen auch eine Chronik seines Lebens für spätere Familiengenerationen sein? Zunächst aber legte er für sich ein „Naturkundebuch" an, in das er Tiere und Pflanzen malte, so wie er sie sah.

In einer stillen Stunde – der Vater weilte einmal wieder auf einem seiner Güter, oder war er, wie böse Zungen behaupteten, auf der Flucht vor seinen Gläubigern? – hatte Mutter Karoline Joseph von den Umständen seiner Geburt erzählt. Seppel gab später der Poesie Raum: „Der Winter des Jahres 1788 war so streng, dass die Schindelnägel auf den Dächern krachten, die armen Vögel im Schlaf von den Bäumen fielen und Rehe, Hasen und Wölfe ganz verwirrt in die Dörfer flüchteten…" Später resümierte er an anderer Stelle nüchtern: „Ich bin – 1788 – mit der Revolution geboren, der politischen wie der geistigen, literarischen, und die letztere habe ich mitgemacht."

In der Nacht seiner Geburt am 10. März geschahen seltsame Dinge, die Joseph von Eichendorff bildreich nacherzählte: „Tief im Garten aber sah man lauernd zwischen den Bäumen ein verworrenes Häuflein dunkler Männer im dicken Dampf des eigenen Brodems wie in einem Zauberrauch, in welchem sie ihre erstarrten Arme gleich Windmühlenflügeln hin und her bewegten, während andere von Zeit zu Zeit eine Handvoll Schnee nahmen und sich die halberfrorenen Nasen rieben. – Jetzt knirschten auf einmal Fußtritte draußen über den verschneiten Hof, eine vermummte Gestalt schlich vorsichtig dicht an den Mauern dem Hinterpförtchen zu. Der alte Daniel war es, er begab sich eilig zu dem dunklen Häufchen im Garten. Dort hatten sich nämlich Koch, Jäger und der Organist mit Trompeten und Pauken versammelt, um mich, sobald ich das Licht der Welt erblickte, feierlich anzublasen. Daneben standen einige geladene Böller, womit der alte Daniel den Takt dazu schlagen wollte. Die Hebamme sollte mit einem weißen Tuch aus einem der Fenster das Signal geben. Aber die hatte jetzt andere Dinge im Kopf, sie war eine resolute Frau und mit den Mägden soeben in großen Zank geraten; in der Wut warf sie eine Windel, die ihr zu schlecht dünkte, ohne weiteres zum Fenster hinaus. Das schimmerte weiß durch die Nacht, – da löste Daniel unverzüglich den ersten Böller, der Organist mit dem Tusch gleich hinterdrein, darüber aber erschrak meine Mutter dergestalt, dass sie plötzlich in eine Ohnmacht fiel. Nun donnerte draußen unaufhaltsam Böller auf Böller, die Trompeten schmetterten, die Schlossuhr schlug ganz verwirrt zwölf dazwischen – alles umsonst, die Riechfläschchen für meine Mutter waren nicht so schnell herbeigeschafft, die Konstellation trotz der vortrefflichen Aspekte war verpasst, ich wurde gerade um anderthalb Minuten zu spät geboren."

Zu spät. – Eichendorff sollte in seinem Leben immer wieder in Situationen kommen, in denen er sich als ein „Zuspätkommender" empfand.

Manchmal war die Familie unterwegs zur Güterinspektion. Oder sie besuchte vierspännig die Kreisstadt Ratibor in der altmodischen Karosse, die in ledernen Riemen hing. Während die Damen in ihrem Sonntagsstaat das Tempo bestimmten, folgten ihnen die Herren auf der „Wurst", das war ein langer gepolsterter Koffer, auf dem sie dicht hintereinander saßen, den jeweiligen Zopf des Vordermanns im Blick. Karl Heinrich Juhr war eine Anlaufstelle für die beiden lesefreudigen und wissbegierigen Brüder. In dessen Leihbibliothek bestellten sie, was die heimische Bibliothek nicht bereithielt. Auch eine andere Buchhandlung war erklärtes Ziel: „Zum Jahrmarkt in Ratibor gewesen, und zugleich die Bücherverleihung beim Radlinsky aufgegeben", notierte Joseph in sein in Schweinsleder gebundenes Tagebuch. Carl Gottlieb Cramer war in jenen Tagen ein gefeierter Autor. „Zoar, der Auserwählte", „Lili von Arenstein oder die gefährlichen Stunden", „Friedrich von Eisenbart und Baron Sturmdrang. Eine possierliche Geschichte unserer Zeit", so lauteten einige der Titel, die durch die Werke anderer Schriftsteller, wie die des Christian Heinrich Spieß, noch ergänzt wurden. Jean Paul kam zwar nicht in Mode, denn er war ein Außenseiter und den Klassikern wie den Romantikern nicht ganz geheuer, doch er war ein ernstzunehmender Poet.

Nicht alle Lektüre, die Joseph in Ratibor zu Gesicht bekam und sich heimlich einverleibte, traf den Geschmack seines Er-

ziehers. „Mein Hofmeister, ein aufgeklärter Mann, kam hinter meine heimlichen Studien und nahm mir die geliebten Bücher weg“, schrieb der Freiherr später in sein Tagebuch, dessen Notizen weitgehend in den ersten Roman „Ahnung in Gegenwart“ einflossen. „Ich war untröstlich. Aber Gott sei Dank, das Wegnehmen kam zu spät. Meine Phantasie hatte auf den waldgrünen Bergen, unter den Wundern und Helden jener Geschichten gesunde, freie Luft genug eingesogen, um sich des Anfalls einer ganzen nüchternen Welt zu erwehren.“
Mag es zusätzlich auch andere Gründe gegeben haben, weshalb die Bücher konfisziert wurden, Joseph hat die Lektüre schmerzlich vermisst. Doch inzwischen hatte er immerhin das „Gesellenstück“ eines großen Meisters kennengelernt, nämlich Friedrich Schillers „Räuber“, und auch H. J. Campes „Robinson“ beeindruckten ihn sehr. Sogar das Volksbuch „Wunderbare Reisen zu Wasser und zu Lande, Feldzüge und lustige Abenteuer des Freiherrn von Münchhausen, wie er dieselben bei der Flasche im Zirkel seiner Freunde selbst zu erzählen pflegt“ befand sich – noch ohne detaillierte Autorenangabe – im Verzeichnis der in Ratibor ausgeliehenen Lektüre, bis man dem Mitglied des „Göttinger Hainbundes“, Gottfried August Bürger, der auch die volkstümliche Ballade „Leonore“ verfasst hatte, auf die Schliche kam. Ob der fromme Einfluss des Grafen von Zinzendorf, der 1772 die pietistische Herrnhutgemeinde gegründet hatte, den Katholiken doch zuweilen Gewissensbisse verursachte? Immerhin standen auch „Wagners Leben und Höllenfahrt“ und „Das Leben des Lazarillo von Tormes“ – der Parallelen zum „Taugenichts“ aufweist – auf der geistigen Speisekarte. Auch die Gedichte von Matthias Claudius hinterließen ihre Wirkung.
Hatte Joseph zunächst ab 1798 nur sporadisch Tagebuch geführt, so ging er nun regelmäßig dazu über, das, was um und in ihm geschah, stichwortartig einzutragen. „Den 12. No-

vember im Jahre 1800 fing ich dies Tagebuch an. Joseph Baron von Eichendorff, Lubowitz." – Zwei Monate zuvor war sein Bruder Gustav geboren worden. Da waren Schwester Henriette Sofie und Bruder August Adolf schon drei Jahre tot. Und auch Schwester Luise Antonie und Bruder Gustav sollten das Jahr 1803 nicht überleben.

Fielen die offiziellen Verpflichtungen an der Seite der Eltern und Geschwister, etwa bei Verwandtenbesuchen auf einem der näher oder entfernt liegenden Schlösser zwischen Trebnitz im Norden von Preußisch-Schlesien und Ratibor im Süden nicht ins Gewicht, so blieb Joseph doch eine Reise in Erinnerung: die im Jahre 1794 nach Prag. Standesgemäß, mit einem ganzen Wagenpark, einer sechsspännigen Equipage, mit einem Tross von Zofen, Jägern und Heiducken traten sie die knapp vierhundert Kilometer lange Reise an. Prag, die „goldene Stadt", der Inbegriff des Reiches, Hauptstadt des „Heiligen Römischen Reiches" unter Kaiser Rudolf II., übte mit ihrer baulichen Pracht eine große Wirkung auf den aufgeweckten Jungen aus. Noch zweimal, 1797 und 1799, zog es die Familie nach Prag. Auf der jüngsten Reise steuerten sie Dresden und Karlsbad an. Goethe, sonst ein umschwärmter Dauerkurgast, war in diesem Jahr allerdings nicht gekommen. Doch Joseph interessierte sich weitaus mehr für die vielen Kirchen unterwegs, deren Bauweise er in Stichworten festhielt.
Doch wieder daheim, zog sich der junge Baron am liebsten ins Baumhaus zurück, oder er wählte den Birnbaum, von dessen Spitze er den weitläufigen gepflegten Garten überblicken konnte. Der Garten erschien ihm wie ein Spiegel, in den er blicken konnte, um seine eigene Seele zu entdecken. Die Natur war rein, vollkommen in ihrer Gestalt, sie war Abglanz einer höheren Welt, eine ferne, selige Insel, auf die der Mensch im Einklang mit sich und seiner Umgebung lebte. Immer wieder

zog er in seinen Aufzeichnungen die Natur zum Vergleich heran, sie war Sinnbild der Vollkommenheit der Schöpferhand Gottes. Viele Jahre später hielt Joseph von Eichendorff seine Kindheits- und Jugendeindrücke der Heimat fest: „Dies Tal lag noch wie eine selige Insel, unberührt vom Sturm der neuen Zeit. Der Garten und das Schloss aber von Lubowitz, der im Garten spazierende Großvater usw. Oft seh' ich alter Mann noch in Träumen Schloss, Garten, verklärt vom Abendschein, und muss aus Herzensgrund weinen." Der Großvater, Karl Wenzel Freiherr von Kloch, starb am 24. Mai 1799 in Lubowitz, nachdem ihm Johanna Freifrau von Eichendorff, geb. von Salisch, Josephs Großmutter, am 21. September des Vorjahres in Radoschau im Tod vorausgegangen war.
Die Natur bot immer wieder neue Initiativen und Objekte, um sich mit ihr zu beschäftigen. Die unendlichen Wälder Schlesiens, dieses nach Goethes Meinung zehnfach interessante Land, schimmerten bläulich und manchmal nebelverhangen und schemenhaft am Horizont und boten der Phantasie hinreichend Gelegenheit, um die Weite und Ferne hinter den letzten Hügeln zu erahnen. Was sich wohl dort, wohin das Auge nicht blickte, verbarg? Und die Gärten ... Sprach nicht der Garten – nach der Meinung Ludwig Tiecks – eine eigene Sprache, so wie die Poesie, und wenn er auch nicht im Zeitalter des politischen Umbruchs zur Paradiesgärtchen mutierte, dann doch wenigstes zum „Paradegarten". Hinter die Dinge zu schauen, darum bemühte sich der aufgeweckte junge Eichendorff, der meist so ernst wirkte und der zu der Erkenntnis kam, dass Garten, Wald, Landschaft, ja, die ganze Natur den Menschen etwas zu sagen hätten und es darauf ankäme, diese Sprache zu verstehen und im Buch der Natur zu lesen. In seinem Todesjahr 1857 hinterließ er den Schlüssel zu seiner Erkenntnis:

Schläft ein Lied in allen Dingen,
die da träumen fort und fort,
und die Welt fängt an zu singen,
triffst du nur das Zauberwort.

Breslau

Eines Tages riss ein neuer Lebensabschnitt Joseph aus seinen Träumen.
„Es wird nun Zeit, dass ihr eure Weiterbildung ins Auge fasst", eröffnete Adolf Theodor Rudolf von Eichendorff seinen Söhnen. „Die Zeit der heimischen Erziehung und des häuslichen Studiums ist vorbei. Ihr werdet nach Breslau gehen, wo auch ich und Onkel Vinzenz einst studiert haben."
Zunächst wirkte die Mitteilung wie ein Schock, obgleich die Brüder auf die neue Lebensphase im Stillen vorbereitet waren. Joseph schämte sich seiner Tränen nicht, auch wenn er sie vor dem zwei Jahre älteren Wilhelm und dem strengen Vater geschickt zu verbergen verstand. Wo konnte er Trost finden, wenn nicht in der Natur? Nachdem der Vater Zeit und Umstände des Aufbruchs mitgeteilt hatte, lief er in den Garten hinaus und von dort an den Rand des Parks, wo die schweren Eichen standen und seit Jahrhunderten ihr treues, eintöniges Lied sangen. Joseph legte die Hände um einen Baum und drückte sein Gesicht gegen die raue Rinde. Der Druck schmerzte leicht. Es roch eigentümlich modrig, aber doch nach Leben. Wie viele kleine Lebewesen mochten in den Rillen verborgen sein und sich von der knorrigen Eiche beschützt wissen? Schutz, ja, Schutz erhoffte sich Joseph von der Natur, wenn er nun bald in der fernen Stadt weilte.
Bernhard Heinke, der Hofmeister, war auf der Leiter der kirchlichen Hierarchie ein Stück nach oben geklettert, und seine Erzieherstelle hatte inzwischen Kaplan Paul Ciupke eingenommen, der ein enger Freund der Brüder werden sollte. Nicht ohne Schadenfreude vermerkte Joseph in seinem

Tagebuch einmal, dass der Geistliche ausgerutscht und kopfüber in den Teich gefallen sei. Es gab viel Spaß im Laufe des Jahres, wenn die kirchlichen und weltlichen Feste gefeiert wurden. An Wintertagen versammelten sich die „Federnschleißer“ in der Schlossküche, von der Mamsell einbestellte Frauen aus dem Dorf, die mit den Mägden vor einem riesigen Berg von Gänsefedern saßen. Die Federn wurden gerissen, geschlissen und in einem Korb gesammelt. Ein nachweihnachtlicher Höhepunkt war auch die „Kolende“. Dann ging der Pfarrer mit dem Küster und den Messdienern in die Familien und spendete den Haussegen.

Am 5. Oktober 1801 begann die dreitägige Kutschfahrt der Brüder nach Breslau. Sie führte über Neudorf, Oppeln, Poplau und Brieg in die etwa 60 000 Einwohner zählende schlesische Hauptstadt. Mutter Karoline und der vertraute Kaplan Heinke begleiteten die Buben, redeten ihnen unterwegs gut zu, gaben Ermahnungen und Verhaltensregeln, damit sie ja nicht unangenehm auffielen, denn die Ausgaben für Studium, Unterbringung und Verpflegung hatte ein Onkel übernommen. Sie würden im Josephskonvikt wohnen, zunächst die beiden letzten Klassen des Königlich katholischen Matthias-Gymnasiums und anschließend – was sie aber noch nicht wissen konnten – die Philosophische Fakultät der Katholischen Universität „Leopoldina“ besuchen, deren Räume nahtlos in die des Gymnasiums übergingen.
Gott sei Dank stand der Abschied von der Mutter nicht gleich bevor. Am 11. Oktober reisten die Brüder mit der Mutter nach Ellguth bei Trebnitz, dem Wallfahrtsort der hl. Hedwig, der Patronin Schlesiens. Dann, nach einem Besuch beim Großonkel Franz Leopold Freiherr von Kloch, drängten sie und ihr Begleiter zum Aufbruch. Sie könne den Vater mit der Güterverwaltung nicht länger allein lassen. Doch das Heim-

weh ergriff beide Brüder. Schon am 15. Oktober schrieben sie die ersten Briefe nach Hause, und am 26. Oktober hielten sie endlich die ersehnten Antworten in Händen.
„Der Stoff, der uns eingetrichtert wird, macht mir nicht so viele Schwierigkeiten wie das Heimweh", sagte Joseph an einem Abend. Draußen war es früh dunkel geworden und aus Gründen der Sparsamkeit brannte das Petroleumlicht noch nicht. Der junge Freiherr Wilhelm lag auf seinem Bett und stierte an die Decke. Joseph stand am Fenster und blickte in das trübe nasskalte Wetter. Schneetreiben jagte die Menschen von der Straße, der Sturm blies heftig und heulte um die Ecken.
„Heimweh? Natürlich sehne ich mich nach Hause, Seppel. Schließlich ist es das erste Mal, dass wir so lange von daheim getrennt werden. Aber mich beschäftigt ein anderes Problem."
„Welches?" Joseph wandte sich nach dem Bruder um.
„Das sind die Unterschiede zwischen den Schülern, verstehst du? Wir sind sozusagen die Privilegierten, die sich auch einiges erlauben, was die anderen, die hier mehr schlecht als recht geduldet werden, niemals dürften. Sie müssen sich ducken und anpassen, weil sie ihres kostenfreien Studienplatzes sonst verlustig gehen."
„Für mich sind alle Menschen gleich, ohne Ausnahme. Ich fühle mich auch nicht privilegiert. Wir können froh sein, dass uns das Schulgeld von der Verwandtschaft bezahlt wird. Vater könnte es niemals aufbringen. Ich glaube, die Eltern haben große finanzielle Sorgen."
Wilhelm sprang aus seinem Bett und stellte sich neben den Bruder. „Schon dass wir zu zweit hier wohnen und studieren dürfen und nicht in einem Schlafsaal untergebracht sind, ist ein Privileg."
Sie redeten noch eine Weile über die Vorzüge, die sie im Josephinum, dem Alumnat der Schüler des Matthias-Gym-

nasiums, genossen und die sie in erster Linie ihrer adeligen Herkunft verdankten, aber die Tatsache erfüllte sie nicht mit Stolz, eher mit Wehmut, wenn sie an die ärmeren Mitschüler dachten. Mit einigen hatten sie schon Freundschaft geschlossen und sich für gemeinsame Streiche nicht zu vornehm gedünkt. So warfen sie, als Professor Rhediger aus Krankheitsgründen nicht in die Schule kommen konnte, die Bänke um und wurden dabei vom Rektor überrascht. Dass Joseph auch einmal eine blutige Nase davontrug und nach einem Disput mit dem Rektor zur Strafe für eine Stunde in den Karzer musste, bewies, dass seine empfindsame Seele doch mehr aushalten konnte, als man gemeinhin glauben mochte.

Joseph hing an seinem alten Diener Joseph Sonntag, der ihn seit seinem sechsten Lebensjahr betreut hatte. Ihn vergaß er auch jetzt nicht. Im Gegenteil. Joseph Sonntag gehörte zur Familie, er verdiente es, dass auch er mit einem Gruß aus Breslau bedacht wurde. Und so schrieb ihm Joseph mehrmals aus der schlesischen Hauptstadt, auch bereits am 6. November 1801: „Bester Joseph! Auch dir muss ich einige Zeilen schreiben, um dir wenigstens zu zeigen, wie oft und wie viel Mal ich hier in Breslau an dich denke. Es ist mir hier sehr bange ohne dich. Alle Früh und Abend, wenn die Zeit zum An- und Ausziehen kommt und ich mir alles selbst machen muss, da denk ich immer mit schwerem Herzen: Ach, wenn doch mein alter Joseph hier wäre. Weißt du noch, wie ich mir immer die eitle Hoffnung machte, einmal in meinem Alter sagen zu können: Seht, dieser Mensch war von meinem sechsten Jahre immer um mich, und nun ist diese Hoffnung vereitelt! Doch lass nicht den Mut sinken, ich hoffe, wir werden bald wieder alle zusammenkommen. Unser Student, der unterdes deine Stelle vertritt, heißt Guttweil. Mir gefällt es jetzt schon so ziemlich im Konvikt, doch an Lubowitz darf ich gar nicht denken …"

Auf ein untertäniges Antwortschreiben des getreuen Dieners reagierte Joseph mit Nachdruck: „… doch lasse dabei das ‚Hochundwohlgeborene' und den ‚gehorsamsten Diener und Knecht' weg und nenne mich lieber deinen wahren Freund …"
Die Brüder schrieben, wohl unter dem Druck der Eltern, auch einen Dankesbrief an Onkel Johann Friedrich von Eichendoff und dessen Frau Maria Anna in Schillersdorf, die ihren Aufenthalt in Breslau finanzierten, und schilderten ausführlich die Lebensumstände in der großen Stadt.

Ganz so einsam und heimwehstark war die Zeit in Breslau am Ende nicht. Der Tradition der einstmals hier tätigen Jesuiten entsprechend, führten die Schüler zahlreiche Theaterstücke auf oder wurden in das Programm des Städtischen Theaters eingebunden. Knapp vierzig Jahre zuvor war mit Lessings „Minna von Barnhelm" eine neue Theaterepoche im Neubau der „Kalten Asche" begonnen worden. Joseph musste mehrmals in Frauenrollen schlüpfen. In seinen Notizen befand sich schließlich der Hinweis auf einhundertsechsundzwanzig Theaterbesuche, manchmal gingen die Brüder mehrmals im Monat oder gar mehrere Tage hintereinander in den Musentempel. Hat der junge Freiherr Joseph der umschwärmten Amalie Schaffner ebenfalls heiße Sympathien entgegengebracht wie die übrige Studentenwelt? Jedenfalls widmete er ihr später drei schmachtende Gedichte, die den aufsteigenden Dichter erkennen ließen. In Mozarts zweiaktiger Oper „Titus" – Erstaufführung in Breslau mit Carl Maria von Weber am Dirigentenpult – gab Mamsell Schaffner die Braut des Kaisers; Eichendorff empfand sie enttäuscht „fast sehr dick". Aber auch der „Figaro", „Don Juan" und Rossinis „Barbier", außerdem Schillers „Wilhelm Tell" und „Wallenstein" standen auf dem Theaterprogramm.

Joseph stand gern morgens in der Frühe auf. Während Wilhelm manchmal noch schlief, machte er sich auf den Weg durch die Stadt und zum Tor hinaus. In Treschen erlebte er oft, das noch schlafende Breslau im Rücken, den Aufgang der Sonne über den taufrischen Wiesen und erfreute sich am Gesang der Vögel. Der Morgen war seine Freude! Einmal brach der junge Baron mit neun Kommilitonen auf, um den Zobtenberg zu besteigen. Gegen halb vier erreichten sie den Gipfel und erlebten den jungen Tag in seinen immer kräftiger werdenden Farben. Wer gut zu Fuß war wie Joseph von Eichendorff, dem machten die Wanderungen nach Rotkretscham, nach Kleinburg, Oswitz und Sibyllenort keine Mühe. Nicht nur der Stadt, auch der Umgebung Breslaus galten Josephs wache Augen. Einer der Vororte war Scheitnig, über den der Chronist geschrieben hatte: „Aus der Hirschgasse in der Sandvorstadt führt die seit 1792 mit virginischen Pappeln besetzte Chaussee bei einer ‚Fischerau' genannten Meierei vorbei in das Stadtdorf Scheitnig. Es liegt jenseits der alten Oder und enthält außer mehreren sehr angenehmen Villen der Städter vorzüglich den fürstlich Hohenloheschen Garten. Den sehr angenehmen und unterhaltenden Lustort verschönern einige wohlangebrachte Monumente, Tempel, Statuen und Büsten. Einige derselben, wie der sterbende Gladiator und die Zentauren auf dem Ruheplatz vor der Brücke, haben indes weggenommen werden müssen, weil der ungebildete Teil des Publikums dieselben als ärgerliche Gegenstände beschädigte. Der Laokoon wird noch fortdauernd für den uralten Besitzer des Gartens, einen reichen Juden, gehalten, der sich hier mit seinen Söhnen gebadet habe und zur Strafe dafür – das Baden war nach der damaligen schlesischen Volksmeinung Sünde – von Schlangen gefressen worden sei. Nur die Statue Friedrichs II. hat keine zerstörende Hand berührt."

Wie wohltuend waren die Unterbrechungen der Schulzeit, wenn die Ferien begannen. Endlich konnten die Brüder die Last des Studiums abschütteln und in Lubowitz wieder ausgelassene junge Menschen sein. Die Heimfahrt in die großen Ferien dauerte ihre Zeit. Sie reisten über Cosel, das an der Mündung der Klodnitz in die Oder liegt und früher eine österreichische, jetzt aber preußische Festung war. Hier wollten sie übernachten. Zu ihrem Leidwesen entdeckten sie, dass die ins Auge gefasste Herberge schon überbelegt war und die Gäste die Wirtsstube mit Schweinen und Kälbern teilen sollten. So streckten die Brüder ihre erschöpften Glieder im Pferdestall auf dem Mist aus und schliefen, soweit es die Kälte zuließ, wie in Abrahams Schoß. Gegen ein Uhr wurde Joseph, sonst ein ausdauernder Schläfer, von einem merkwürdigen Geräusch geweckt. Er drehte sich um und sah gerade noch, wie ein Hund eben im Begriff war, in seinen Hut zu pinkeln…

Nachrichten brauchten damals ihre Zeit. Am 4. Mai 1803 ereilte die Brüder die Nachricht vom Tode ihres Bruders Gustav am 26. April; er wurde zweieinhalb Jahre alt. Eine große Trauer erfasste beide. Zum Begräbnis konnten sie nicht kommen, denn die Exequien hatten bereits zwei Tage später stattgefunden. Sie versuchten sich abzulenken und trösteten sich mit einem Theaterbesuch, mit „Emilia Galotti" von Lessing.
Am 30. Mai erschien in den „Schlesischen Provinzialblättern" das erste Gedicht Josephs, an dem Bruder Wilhelm einen erheblichen Anteil besaß: „Am frühen Grabe unseres Bruders Gustav."

So steht beim jungen Baume,
den wild der Nachtsturm brach,

der noch im Abendtraume
ihm Blüt' und Frucht versprach,
ein Pflanzer starren Blickes
stumm und in sich gekehrt;
die Hoffnung seines Glückes,
denn ach, die ist zerstört!

So stand, ach, guter Knabe,
jüngst unser Vater da,
als er am frühen Grabe
dich, seinen Liebling, sah.
So hing voll heißer Zähren
die Mutter ihm am Arm,
doch wer mag Klagen wehren,
bei ach, so tiefem Harm!

Und wir, wir deine Brüder,
für uns ist's öd' und leer!
Denn kehren wir einst wieder,
wir finden dich nicht mehr.
Wo sonst uns Freuden sprießen
auf väterlicher Flur,
Geliebter! O, da fließen
um dich jetzt Tränen nur.

Der du, wie Strahl der Sonne
uns froh entgegensprangst
und laut ins Lied der Wonne
nach Kinderart mitsangst;
Du, der du Maienglocken,
die du am Bache fandst,
für deiner Brüder Locken
schon in die Kränze wandst.

Du ruhst im Sterbekleide,
den Totenkranz im Haar,
du, der der Eltern Freude
und seiner Brüder war!
Und nichts, ach, holder Knabe,
kein Gram, kein Tränenblick
bringt dich aus deinem Grabe
zu unsrem Spiel zurück!

Du schlummerst sonder Kummer
in deiner kühlen Gruft,
bis Gott auch uns vom Schlummer
zu dir hinüberruft.
Streu, Engel, Gottes Segen
auf unsrer Eltern Pfad!
Leit' uns auf unsren Wegen
zu jeder Edeltat!

Im August jenes Jahres endete die Schulzeit. Kurz zuvor waren die Eltern nach Breslau gekommen, und man hatte gemeinschaftlich entschieden, dass die Brüder ab Herbst noch ein Semester an der Philosophischen Fakultät der Breslauer Universität studieren und ein weiteres Semester am evangelischen Magdalenen-Gymnasium bestimmte Fächer nachholen sollten, bevor dann im Herbst 1804 der Übergang zu einer anderen Universität bevorstand. Joseph war ein „Jüngling von mehr als mittelmäßigen Geistesanlagen", dem man allgemein durch Fleiß erzielte große Fortschritte – darunter auch „in der Theorie der Dichtkunst" – bescheinigte. Aber nun öffnete sich erst einmal der weite Park des heimatlichen Schlosses und nahm die Brüder mit bunten Farben und verlockenden Düften in seine Arme auf. Bis Mitte Oktober sollte der Aufenthalt in Lubowitz dauern, eine Zeit, auf die sich die

Brüder schon lange gefreut hatten. Doch diese Freude wurde gedämpft durch den Tod der 1799 geborenen Schwester Luise Antonie Sophie – der zweite Kindstod innerhalb eines halben Jahres. Das langsame Verglühen dieses hellen, bedrohten Lichtes blieb nicht ohne schmerzliche Wirkung auf den angehenden Dichter. Joseph beobachtete mit Sorge, wie sich der Vater, dem die Situation unerträglich war, am Sterbetag um 10 Uhr in der Frühe nach Radoschau zurückzog. Die Brüder begleiteten ihn ein Stück Wegs bis an den Czerwienczitzer Busch und nahmen nun, nach Hause zurückgekehrt, mit großem Schmerz wahr, dass sich der Zustand Luises von Stunde auf Stunde verschlechterte. Sie starb, gut vierjährig, kurz nach Zwölf unter heftigen Krämpfen an Scharlach. Mutter Karoline rannte in den Garten hinaus, wo sie sich wie wild gebärdete und nur mit Mühe festgehalten und besänftigt werden konnte. Dann stürmte sie in das Sterbezimmer hinauf, wo sie „den noch warmen Leichnam umarmte, küsste und halb zerquetschte".

Das ist 's, was mich ganz verstöret:
Dass die Nacht nicht Ruhe hält,
wenn zu atmen aufgehöret
lange schon die müde Welt.

Dass die Glocken, die da schlagen,
und im Wald der leise Wind
jede Nacht von neuem klagen
um mein liebes, süßes Kind.

Dass mein Herz nicht konnte brechen
bei dem letzten Todeskuss,
dass ich wie im Wahnsinn sprechen
nun in irren Liedern muss.

Der Tod hatte seinen festen Platz im Leben der Menschen. Er ließ sich nicht auf einen Nebenschauplatz verdrängen, sondern suchte sich seine Opfer nach Lust und Laune. Jakob Müller war ein Freund Josephs. Beide waren mit der Zeit unzertrennlich geworden. Sie studierten zusammen in ungeheizten Räumen, der Februar 1804 war ungemein kalt. Mit bösen Folgen. „Jakob Müller, der arme Sohn eines Landmannes aus Cotzemeuschel, ein Muster von Rechenschaft und Fleiß, starb um 1 Uhr in der Nacht an den Folgen der Lungensucht, die er sich durch sein Nachtstudieren zugezogen hatte, als Opfer seiner Emsigkeit." – Im April wurde den Geschwistern Eichendorff eine Schwester geboren, Luise Antonie Nepomucene Johanna.
Leben und Tod – Tod und Leben – wie nah lagen diese beiden Extreme beieinander? Joseph zweifelte, ob es einen Trost in schweren Stunden geben könnte, wenn man selbst zutiefst betroffen war. Trost in der Natur? Gewiss, die Natur gab Antwort auf manche Fragen. Sie blühte auf, reifte und widersetzte sich dem allmählichen Sterben nicht. Auch ein toter Baum strahlte noch den Glanz einstiger Pracht, und seine starren Äste hoben sich filigran gegen den bleichen Himmel. Der Blick in den Park, auf den schweigenden Wald gab ihm die Gewissheit, dass sich nach dem scheinbar endgültigen Ende des Lebens draußen um ihn herum längst der Beginn eines neuen Lebens auftat. Der frostigste Winter konnte die zarten Knospen an den Fliederbüschen nicht verheimlichen; sie trotzten dem Schnee und suchten die Sonne am Horizont. Joseph wusste, dass er diesen Prozess, der mit dem Lebensablauf gleichzusetzen war, in Worte fassen wollte. Er würde Reime, Verse, Strophen schmieden, die dem Geheimnis des Werdens und Vergehens auf die Spur kamen, nicht zum Trost und zur Erbauung der eigenen Seele, sondern als Botschaft für viele Menschen. Insgeheim befand er sich in seinem In-

nern in ständiger Wacht. Er beobachtete und dachte nach, auch wenn es dunkelte und er schlief, er sah Bilder in sich aufsteigen und verschwinden und durch neue ersetzt werden. Der Rhythmus der Eindrücke war wie ein auf- und absteigender Strom, der mal abebbte und wieder anschwoll, der Segen war, aber auch Fluch – Fluch, wenn sich aus dem Dunst der Erkenntnisse kein Wort schälen ließ, das zu einem Reim verarbeitet werden konnte.

Nein, im Grunde brauchte er die Abwechslung nicht, die die jungen Freiherrn auf den umliegenden Schlössern suchten, die Feste und Bälle, die Amüsements und Lobreden, die versteckten oder eindeutigen Versuche, eine gute Partie zu arrangieren und den Wohlstand des eigenen Hauses durch einen guten Ehevertrag zu sichern. Im Grunde war es das Bestreben aller Gutsherren und Großgrundbesitzer, den erworbenen und erarbeiteten Anteil an Feld und Wald zu vermehren. Auch Lubowitz hatte eine solide Zukunft nötig, die Spekulationsgeschäfte des Vaters trieben die Familie immer mehr in den Ruin.

Eines Nachts träumte Joseph, das elterliche Schloss, seine über alles geliebte Heimat, ging verloren, verspielt, verpfändet, dem Leichtsinn preisgegeben. Die Eltern und die Dienerschaft zögen beschämt und gedemütigt von dannen auf der Suche nach einer neuen Bleibe. In Schweiß gebadet schreckte er aus dem Schlaf und überlegte verwirrt, ob der Traum wirklich ein Gebilde der Phantasie oder vorausschauend entsetzliche Wahrheit sei. Zugleich überfielen ihn die Worte, denen er Gestalt geben musste, die aus ihm herausdrängten auf der Suche nach einer endgültigen Form. Gedichte waren es, die sich bilden wollten, aber auch Prosatexte, in denen die Natur eine wichtige Rolle spielte, denn der Mensch war ein Abglanz von ihr, ein exemplarisches Beispiel ihrer Existenz. Über seine mit Lubowitz verbundenen Träume dichtete der Freiherr später:

Nachklang

Mir träumt', ich ruhte wieder
vor meines Vaters Haus
und schaute fröhlich nieder
ins alte Tal hinaus.
Die Luft mit lindem Spielen
ging durch das Frühlingslaub,
und Blütenflocken fielen
mir über Brust und Haupt.

Als ich erwacht, da schimmert
der Mond vom Waldesrand,
im falben Scheine flimmert
um mich ein fremdes Land.
Und wie ich ringsher sehe:
Die Flocken waren Eis,
die Gegend war vom Schnee,
mein Haar vom Alter weiß.

Darüber durfte er die politische Situation nicht aus dem Auge verlieren. Auch wenn die Nachrichten aus der großen Welt nur spärlich und mit Verzögerungen nach Lubowitz kamen, wusste er doch, dass sich im Westen, von Frankreich ausgehend, etwas zusammenbraute, das unheimlich war. Die Auswirkungen der französischen Revolution, von vielen zunächst als Befreiungsschlag gegen den Adel verstanden, endeten für viele Menschen auf dem Schafott. Wie man hörte, hatte selbst Schiller, der den Umbruch zunächst begrüßt hatte, sich von den Gräueltaten in Paris distanziert. Einmal – Joseph wusste nicht mehr wann – war ein Kürassier-Offizier am Schlosstor erschienen und hatte dem entsetzten Vater berichtet, dass die Franzosen ihren König Ludwig XVI. und seine Gemahlin enthauptet hätten. Nun war ein Korse, ein Offizier namens Napoleon, dabei, die Grenzen der Länder neu zu bestimmen. Er bedrohte nicht nur die Rheinstaaten, er schickte sich an, auch gen Osten zu marschieren. Noch stand nicht fest, welche Landesherren sich ihm in seinem Expansionsdrang als Verbündete oder Vasallen würden anschließen müssen.

Und in Schlesien? Wilhelm hatte eine klarere Meinung über die Entwicklung im eigenen Land als Joseph. „Mit Gedichten", so warf er dem jüngeren Bruder vor, „kannst du die Welt nicht verändern, aber mit einer eindeutigen Politik. Du brauchst einen festen Standpunkt."

Der aber fehlte vielen Menschen. Am Ende des Ersten Schlesischen Krieges, im Frieden von Breslau, hatte Österreich Ober- und Niederschlesien sowie die Grafschatz Glatz an Preußen verloren, was auch im Frieden von Dresden 1745 bestätigt worden war. Der Friedenschluss aber hielt manche Bevölkerungsteile nicht davon ab, ihre Sympathien weiter für Österreich zu empfinden. Im Dritten Schlesischen Krieg lag Breslau im Zentrum kämpferischer Auseinandersetzungen. In diesem Grenzraum entschied sich die öffentliche Meinung also eher für das benachbarte Österreich, was Wilhelm eines Tages zugutekommen würde, denn er beschloss, seine berufliche Zukunft im Gegensatz zu Joseph in Österreich zu festigen und als Staatsbeamter im Dienst der habsburgischen Krone sein Glück zu versuchen.

Lustig ist das Studentenleben: Halle an der Saale

„Krieg den Philistern! Burschen heraus! Wo ist mein Flamberg, Fuchs? Hier gibt es einen trinkbaren Tropfen – werft Anker! Was ist das für eine traurige Don-Quichotte-Visage? Prosit, Fuchs! Hol mich der Henker, wenn wir uns morgen im Mondschein begegnen! Wer meckert hier wie ein Schneider? Warum brüllt ihr wie Ochsen und heult wie Wölfe? Mummenschanz – wir wollen euch Mores lehren! Gurgum, gurgum, gurgum! Schneider, Strandläufer, Grobiane! Zur Hilfe! Zur Hilfe!“

Das freie Studentenleben führte automatisch zu Exzessen. Der Wein floss in Strömen, die Lieder drangen aus den Kneipen in die nächtlichen Straßen hinaus und raubten den soliden Hallensern den Schlaf. Immer wieder kam es zu Beschwerden der geplagten Bürgerschaft beim Rektor der Universität, doch dessen Ermahnungen und Drohungen liefen ins Leere. Studenten ließen sich nicht in die Form gehorsamer „Philister“ pressen. Joseph und Wilhelm genossen das unkontrollierte Leben. Zwar hatten sie die Examina in Breslau mit unterschiedlichen Abschlüssen bestanden, Wilhelm durfte sich Lizentiat, Joseph Bakkalaureus nennen, was vorübergehend zu nicht übersehbaren Spannungen führte, doch die vielen Freudenfeste, Tanz- und Trinkveranstaltungen und die fröhlichen Damenbekanntschaften ließ den Neid bald vergessen. Der Lehrbetrieb der Universität war veraltet, das Kollegium der Professoren ebenso. „Die damaligen Universitäten hatten überhaupt noch ein durchaus fremdes Aussehen, als lägen sie außer der Welt", schrieb Joseph später in sein Tagebuch. „Man konnte kaum etwas Malerischeres sehen als diese phantastischen Studententrachten, ihre sangesreichen Wanderzüge in der Umgebung, die nächtlichen Ständchen unter den Fenstern imaginärer Liebchen, dazu das beständige Klirren von Sporen und Rapieren auf allen Straßen, die schönen jugendlichen Gestalten zu Ross, und alles bewaffnet und kampfbereit wie ein lustiges Kriegslager oder ein permanenter Mummenschanz."

Doch mit großem Ernst widmete sich Joseph von Eichendorff den poetischen Arbeiten des Friedrich von Hardenberg, der sich Novalis nannte, und die ihn faszinierten. Weltentrückt saß er auf dem Giebichenstein und las mit Begeisterung Ludwig Tiecks Roman „Franz Sternbalds Wanderungen", oder er betrachtete verträumt die schönen, geistreichen Töchter des Garten- und Salinenbesitzers Johann Friedrich Reichhardt; eine seiner Töchter war mit dem Philosophen Henryk Steffens verlobt. Betreten durfte der junge Baron den Garten nicht. Statt seiner kamen erlauchte Gäste: Friedrich Wilhelm Schelling, die Brüder Schlegel, Johann Gottfried Fichte, Ludwig Tieck.

Das juristische Studium erhielt indes kaum Konturen. Es zog den jungen Freiherrn eher in philosophische Kollegs, er hörte die Vorlesungen des Altertumsforschers und klassischen Philologen Friedrich August Wolf und lauschte gebannt – wie auch schon Goethe – dem Arzt Franz Josef Gall, der über seine umstrittene Schädellehre dozierte. Eine große Bedeutung für die jungen Eichendorffs in diesen Hallenser Lehrjahren bekam der genannte Däne Hendrik Steffens, der sich mit seiner Naturphilosophie auf Schelling stützte.

Rückblickend notierte Eichendoff: „Es war eine schöne Zeit. Schleiermacher war zwar ein merkwürdig komponierter

Geist, der Philologe Wolf aber, wenn er auch zuweilen zum Kolleg zu kommen vergaß, ein Genie. Wir besuchten das Schädelkolleg des Anatomen Gall und machten fleißig Streifzüge in die schöne Gegend, wobei wir Saale auf, Saale ab fuhren, nach Leipzig reisten, im Schauspielhaus Iffland als Franz Moor bewunderten und in Lauchstädt den „Egmont" sahen. Bei diesen Vorstellungen saß in der Intendantenloge wie ein olympischer Gott Seine Exzellenz, der Herr Geheimrat von Goethe."

Das Theater blieb die stille Leidenschaft der Brüder. Manchmal zogen die Studenten morgens in geschlossenen Reihen los, um rechtzeitig zu den Aufführungen in Lauchstädt zu gelangen. Leider verfügte nur eine kleine Schar über ein Pferd, das die Wegezeit verkürzte, doch weder Wilhelm noch Joseph ließen sich durch die Entfernung vom Ziel abhalten. Zuweilen führte Goethe persönlich Regie, zum Beispiel bei seinem „Götz von Berlichingen". Natürlich standen auch andere seiner eigenen Stücke oder die seines Freundes Schiller auf dem Programm. Den Dichterfürsten umgab ein eigener Nimbus; in seiner Nähe wagte man nicht laut zu reden. Joseph verstand es, die eigenartige Atmosphäre in Lauchstädt in einer Beschreibung festzuhalten:

„Von nicht geringer Bedeutsamkeit war auch die Nähe von Lauchstädt, wo die weimarischen Schauspieler während der Badesaison Vorstellungen gaben. Diese Truppe war damals in der Tat ein merkwürdiges Phänomen und hatte unter Goethes und Schillers persönlicher Leitung wirklich erreicht, was späterhin andere, zum Beispiel Immermanns in Düsseldorf, vergeblich anstrebten, nämlich das Theater zu einer höheren Kunstanstalt und poetischen Schule des Publikums emporzuheben. Sie hatten allerdings, und wir möchten fast hinzufügen: glücklicherweise, keine eminent hervorragenden Talente, die durch das Hervortreten einer übermächtigen

Persönlichkeit so oft die Harmonie des Ganzen mehr stören als fördern, gleichwie die so genannten schönen Stellen noch lange kein Gedicht machen. Aber sie hatten, was damals überall fehlte, ein künstlerisches Zusammenspiel. Denn eben jener höhere Aufschwung der waltenden Intentionen hob alle gleichmäßig über das Gewöhnliche und schloss das Gemeine oder Mittelmäßige von selbst aus; jeder hatte ein intimeres Verständnis seiner Kunst und seiner jedesmaligen Aufgabe und ging daher mit Lust und Begeisterung ans Werk. Und so durften sie wagen, was den berühmtesten Hoftheatern bei unverhältnismäßig größeren Kräften damals noch gar nicht in den Sinn kam. Mitten in der allgemeinen Misere der Kotzebueaden und Iffländerei eroberten sie sich kühn ganz neue Provinzen; gleichsam die Tragweite der Kunstwerke und des Publikums nach allen Seiten hin prüfend, brachten sie Calderon auf die Bühne, gaben den ‚Alacos' und den ‚Jon' der Dorothea Schlegel, Brentanos ‚Ponce de Leon' usw.
Man kann sich leicht denken, wie sehr diese Verfahren gerade das empfänglichste und dankbarste Publikum der Studenten enthusiasmieren musste. Die Komödienzettel kamen des Morgens schon, gleich Götterboten, nach Halle herüber und wurden, wie später etwa die politischen Zeitungen und Kriegsbulletins, beim Kuchenprofessor eifrig studiert. War nun eines jener literarischen Meteore oder ein Stück von Goethe oder Schiller angekündigt, so begann sodann eine wahre Völkerwanderung zu Pferde, zu Fuß oder in einspännigen Kabrioletts, nicht selten einer großen Retirade mit lahmen Gäulen und umgeworfenen Wägen vergleichbar; niemand wollte zurückbleiben, die Reicheren griffen den Unbemittelten mit Entree und sonstiger Ausrüstung willig unter die Arme, denn die Sache wurde ganz richtig als eine Nationalangelegenheit betrachtet. In Lauchstädt selbst aber konnte man, wenn es sich glücklich fügte, Goethe und

Schiller oft leibhaftig erblicken, als ob die olympischen Götter wieder unter den Sterblichen umherwandelten. Und außerdem gab es dort auch vor und nach der Theatervorstellung in der großen Promenade noch eine kleine Weltkomödie, in welcher, wenigstens in den Augen der jüngeren Damen, die Studenten selbst die Heldenrollen spielten. Diese fühlen sich hier überhaupt wahrhaft als Musensöhne, es war ihnen zumute, als sei dies alles eigentlich nur ihretwegen veranstaltet; und sie hatten im Grunde recht, da sie vor allen anderen das rechte Herz dazu mitbrachten."

Schreckensnachrichten machten die Runde, erst fern, fast nicht wahr. Doch daran bestand kein Zweifel: Napoleons Armeen rückten immer mehr nach Osten vor. Das Ansehen Preußens begann zu bröckeln. Die Freiherren von Eichendorff traten gleichsam in der Ruhe vor dem Sturm eine Bildungsreise an, so wie es damals zum guten Ton adeliger Familien gehörte. Auch wenn die pekuniäre Lage nach wie vor schlecht war und immer bedrohlicher zu werden schien – man hielt auf Ansehen und Etikette. So reisten die Brüder zunächst nach Hamburg und Lübeck. Sie sahen zum ersten Mal staunend das Meer bei Travemünde. Dann zog der Harz ihre Aufmerksamkeit auf sich. Sie bestiegen die Rosstrappe und den Brocken und besichtigten die Baumanns- und Bielshöhle, wanderten durch das Selketal und die anhaltischen Orte Ballenstedt und Mägdesprung und kamen schließlich zum Stubenberg. „Als wir endlich ermattet auf einer freien Höhe den Ausgang aus dem unendlichen Walde, der die ganze Straße von Blankenburg einschließt, erreicht hatten, überraschte uns plötzlich und zum ersten Mal der langersehnte Anblick des alten Vaters Brocken. Ernst und grauenerregend sah er uns an aus seinem düsteren Hintergrunde, schaute ehrwürdig hin über die Ebenen und Gefilde, die im Abendrot glühten, während sein Haupt noch der Tag mit seinem lichten Glanz verklärte. – Wir konnten uns nicht enthalten, diesem ersten Ziele unserer Wanderung ein Vivat zu bringen und uns einige Zeit unter einer Eiche hinzustrecken."

Die politische Lage erforderte es schließlich, nach Schlesien zurückzukehren.
Endlich daheim. Der Wald, der Park, Josephs „Hasengang".
Wie schnell verflogen jetzt die heiteren Tage daheim, in Lubowitz, wo das Schloss und seine Bewohner die Studenten mit offenen Armen empfingen!
Wilhelm von Eichendorff bediente sich Josephs Tagebuch, um die Heimreise mit seinen Worten zu schildern: „Von Krappitz fuhren wir den anderen Morgen mit dem uns erwartenden Vorspann ab; das Herz pochte uns immer mehr, je näher wir Lubowitz kamen. Schon sahen wir linker Hand den Annaberg in trübe Nebel gehüllt, es begann zu regnen, die Luft war kühl, in unserm Innern aber brannte ein Feuer, das nicht zu verlöschen war. Als wir an Stöblau vorbei waren, sahen wir schon immer, ob wir nicht den Papa würden erblicken können, aber umsonst. Wir fuhren durch Lohnau hindurch und Blascheowitz und sahen ihn noch nicht; hier stiegen wir ab, um den stillen Weg den Berg hinan zu Fuß zu gehen. Als wir ihn zur Hälfte erstiegen, siehe! Da standen oben auf dem Gipfel die weißen Pferde, und der Papa kam uns schon entgegen. Ich hätte mögen umsinken vor lauter Freude. Wir liefen, was wir konnten, und fielen atemlos in die Arme des Vaters. Nun kam auch der übrige Zug nach, und wir setzten uns auf die ‚Wurst' zum Papa und fuhren mit ihm dem Slawikauer Walde zu. Auf einmal fiel ein Schuss und noch einer, und dann eine Kanonen-Salve. Die Pferde wurden wild, wir sprangen ab vom Wagen. Es war uns zu Ehren; je näher wir dem Walde kamen, je mehr wurde der Kanonendonner vielfältiger.

Ich und Forche schnallten die Hieber um und zogen vom Leder. Nun kam Herr Pientak, der Urheber und Schöpfer der Knalle und des Getöses im Walde, uns feierlich zu salutieren. Wir dankten ihm, neigten die Hieber und begleiteten diesen Artilleriehauptmann mit gezucktem Stahl bis hinter die Kanonen und Bombenkessel. Nun fuhren wir auf Lubowitz zu. Die weite herrliche Ebene, welche der Oderstrom durchströmt und die Karpaten begrenzen, eröffnete sich uns; jenseits erhoben sich die alten blauen Wälder, und vor uns lag das väterliche Schloss. Noch waren wir eine halbe Meile entfernt, als uns Herr Leutnant Poser vom Büntigschen Kavallerie-Regiment entgegensprengte, um uns zu empfangen. Als wir uns Lubowitz nahten, erhob sich ein fürchterlicher Kanonendonner, welchen von allen Wällen der Feste Lubowitz Bombenkesselschlünde spien. Pauken und Trompeten schmetterten, und die ganze Gemeinde sah zu. Nun kam uns unser lieber Herr Kaplan entgegen, dem wir recht herzlich um den Hals fielen und der der Kommandant der ganzen Kanonade war. Nun sahen wir auch Herrn Pächter Adametz über das Feld gesprungen kommen, welcher gleich auf den ersten Knall, den er hörte, herbeilief. – Wir gingen nunmehr unter dem Freudengeschrei aller Anwesenden weiter bis zum Zaune, wo sich der Weg nach Ratibor und Slawikau kreuzt. Hier stand ein Triumphgerüste mit der Überschrift ‚Salve'. Der alte Koch und der alte Lorenz standen als Kosaken verkleidet mit großen Zwickeln und Schnurrbärten; diese präsentierten vor uns das Gewehr und fragten uns aus gleich einer Torwache; hinter uns feuerte man immerfort, rührte die Trommeln, und die Trompeten schmetterten, wie die Posaunen von Jericho, welche die Mauer zum Einsturz brachten. So zogen wir also im Triumphe ein in unsere alte Heimat, nachdem wir eineinhalb Jahr auf der alten jetzo aufgehobenen Universität, Fridericiana genannt, zu Halle im Magdeburgischen gelebt hatten …"

Wie konkret war indes die Bedrohung durch die napoleonischen Heere? In Jena und Auerstedt musste am 14. Oktober 1806 eine entsetzliche Schlacht stattgefunden haben, deren politische Auswirkungen bis nach Oberschlesien spürbar waren. Einmal standen die preußischen Armeen vor einer Umstrukturierung, der Adolf von Eichendorff mit gemischten Gefühlen entgegensah. Scharnhorst, Gneisenau, Clausewitz, Boyen – diese Namen standen für eine Reformbewegung, die die Macht des adeligen Offizierskorps beschneiden und eine Beförderung von Offiziersstellen einzig nach Leistungsprinzipien einführen wollte. Noch wehrte sich der Adel, doch es zeichnete sich die Gründung einer allgemeinen Kriegsschule in Berlin, später Kriegsakademie genannt, ab, deren Richtlinien der hochherrschaftliche Offiziersnachwuchs ebenso akzeptieren musste wie die bürgerlichen Anwärter. Zum anderen beabsichtigte der König, die Auflösung der Leibeigenschaft der Bauern einzuleiten – eine unvorhergesehene Entwicklung für den Adel.
Von nun an überschlugen sich die politischen Ereignisse. Eine Woche nach der Niederlage von Jena und Auerstedt nahmen französische Truppen am 17. Oktober 1806 die Stadt ein. Am 27. Oktober ergab sich kampflos die preußische Hauptstadt. Die Nachricht von Halles Kapitulation erreichte die Eichendorffsche Familie am 30. Oktober, nachdem Wilhelm und Joseph von einem Jagdausflug ins Schloss zurückgekehrt waren. „Darauf wälzte sich auch die ganze Lubowitzer Kolonne im Regen nach Hause, wo uns die Nachricht von Halles traurigem Schicksal wahrhaft erschütterte. Schwarze Bangigkeit …“ Schnell packte man Silber und feine Wäsche ein. Flüchtlinge kreuzten die Wege. Wie stand es um Breslau und Brieg? Hatte die Hedwigskirche in Brieg mit der Fürstengruft und den Särgen der schlesischen Herzöge Schaden genommen? Bald darauf klirrten im Schloss die Scheiben. Bay-

rische, mit Napoleon verbündete Truppen begannen Cosel zu belagern, ohne es einzunehmen, es kam zu Plünderungen in der Umgebung von Lubowitz, das durch einen Schutzbrief des bayrischen Generals Deroy vor marodierenden Soldaten notdürftig gesichert war.
Als Eichendorff im vorgerückten Alter seine Studienzeit in Halle und Heidelberg überdachte, erinnerte er sich gern an die Stadt an der Saale.

Bei Halle

Da steht eine Burg überm Tale
und schaut in den Strom hinein,
das ist die fröhliche Saale,
das ist der Giebichenstein.

Da hab ich so oft gestanden,
es blühten Täler und Höhn,
und seitdem in allen Landen
sah ich nimmer die Welt so schön!

Durchs Grün da Gesänge schallten,
von Rossen, zu Lust und Streit,
schauten viel schlanke Gestalten,
gleichwie in der Ritterzeit.

Wir waren die fahrenden Ritter,
eine Burg war noch jedes Haus,
es schaute durchs Blumengitter
manch schönes Fräulein heraus.

Das Fräulein ist alt geworden,
und unter Philistern umher

zerstreut ist der Ritterorden,
kennt keiner den andern mehr.

Auf dem verfallenen Schlosse,
wie der Burggeist, halb im Traum,
steh ich jetzt ohne Genossen
und kenne die Gegend kaum.

Und Lieder und Lust und Schmerzen,
wie liegen sie nun so weit –
o Jugend, wie tut im Herzen
mir deine Schönheit so leid.

Marschall Bernadotte, der Sieger von Halle, begann nun auch Breslau zu belagern. Selbst bei einem Jagdausflug war der Kanonendonner zu hören.

„Weckte uns frühzeitig Waldhornklang aus dem Hofe, worauf wir allgemein frühstückten", vertraute Joseph seinem Tagebuch an, „und die ganze Karawane bis zu einem Jägerhause unweit Barglowka aufbrach, wo wir bereits einen großen Hau mit Netzen umstellt fanden und uns auf unsere Posten verfügten. Hier vereinigte sich zwar alles, die Sache so romantisch als möglich zu machen: der schöne reine Morgenhimmel – Waldhornklang hier und dort, aus fernem Hintergrunde unaufhörlicher Kanonendonner. Demungeachtet kam mir unter dieser männlich starken Donnerwolke unsere Jagd heute bis zur Bangigkeit klein, untätig und dumm vor."

Standen die Jagden, die Bälle, die Lustbarkeiten, die Soireen und Abendgesellschaften nicht im krassen Widerspruch zu den Ereignissen ringsum? Oder waren sie ein Ablenkungsmanöver, um nicht dauernd an die drohende Kriegsgefahr erinnert zu werden? Joseph kamen manchmal Bedenken.

Kein Zweifel, zu allem Unglück – oder Glück – hatte er sich verliebt, und er wusste, dass auch Wilhelm die vierzehn Jahre ältere Madame Hahmann verehrte. Es war nicht das erste Mal, dass er ins Schwärmen geriet, doch in diesem Falle tat die Liebe weh, denn Benigna Sophie Amalie Hahmann war die Gattin des Justiziars Hahmann aus Ratibor, eine unwahrscheinlich schöne und begehrenswerte Frau. Joseph setzte seine Empfindungen heimlich in Verse um. In seinem Gedicht „Im Zaubernetz“ heißt es:

Fraue, in den blauen Tagen,
hast ein Netz du ausgehangen,
zart gewebt aus seidnen Haaren,
süßen Worten, weißen Armen.

Und die blauen Augen sprachen,
da ich waldwärts wollte jagen:
„Zieh mir, Schöner, nicht von dannen!“
Ach, da war ich dein Gefangner.

„Du hast dich verrannt, Seppel“, sagte Wilhelm, als er das Gedicht auf Josephs Schreibtisch entdeckte. Eine Ecke des Blattes ragte unter einem Bücherstoß hervor und hatte die Neugier des Bruders geweckt.
Joseph wurde rot. Er wollte Wilhelm das Blatt entreißen, doch der sprang auf und hob es hoch über sich, als wollte er es davonfliegen lassen. Aber als er die bittenden Augen des Bruders sah, gab er es ihm stillschweigend zurück.
„Nun sag nicht, dich hätte es nicht erwischt! Ich sehe doch, wie du der Göttin mit den Augen folgst und sie am liebsten in die Arme schließen würdest.“
„Das mag schon stimmen, doch ich sehe die Sache etwas nüchterner. Aus dir spricht der Dichter, und ein Dichter kann

alles erreichen – in seinen Träumen. Ich dagegen weiß, dass alle meine Anstrengungen vergeblich wären. Und so mache ich mir erst gar nicht die Mühe."

„Ach nein, und das soll ich dir glauben?"

„Ob du es glaubst oder nicht, es ist so. Zudem sollten wir uns um unser weiteres Studium kümmern. Der Krieg bedroht auch Schlesien. Nach Halle werden wir wohl nicht mehr zurückkehren können, nachdem Napoleon die renitenten Studenten verjagt und die Universität geschlossen hat."

„Wohin könnten wir jetzt gehen?"

„Ins estnische Dorpat? Ins Zentrum des baltischen Deutschtums? Die Universität genießt einen guten Ruf."

„Ich weiß nicht recht."

„Wenn die Eltern die Ausgaben nicht scheuen, ich meine, wenn sie noch in der Lage sind, uns das Studium zu finanzieren, würde ich gern ins romantische Heidelberg gehen."

Eine schreckliche Nachricht bahnte sich auf dem Rücken eines Pferdes den Weg nach Lubowitz. Der durchschwitzte Reiter war kaum in die Halle des Schlosses gestürzt und hatte seine Botschaft hinausgeschrien, da begann ein vielseitiges Wehklagen und Jammern. Das schöne Breslau, die geliebte Residenz, war vom französischen General Bernadotte eingenommen worden. Teile der Stadt lagen in Trümmern. Auch der spätgotische Rathausbau? Was war mit der Dominsel? Was mit dem Dom selbst und der Kreuzkirche? Hatte das herrliche barocke Inventar die Angriffe überlebt? Manches hochgiebelige Haus am „Ring", so ging das Gerücht, war in Schutt und Asche gelegt worden.

Erste Liebe: Heidelberg

Am 4. Mai 1807 brachen die Brüder nach Heidelberg auf. Die abenteuerliche Reise führte über Troppau, Brünn, Budweis, Linz, Regensburg, Nürnberg und Mergentheim. Auf dem Weg dorthin entzückten sie besonders die alten freien Reichsstädte Regensburg und Nürnberg, wie Joseph in seinem Tagebuch voller Begeisterung schilderte. Etwa zwei Wochen dauerte die Reise, gefüllt mit Eindrücken, die erst verarbeitet werden mussten. Viele dieser Unterwegserlebnisse flossen später in seine Werke ein, vor allem in „Ahnung und Gegenwart", den ersten seiner Romane, in dem er manche ihm bemerkenswert erscheinenden Impressionen wieder aufleben ließ.

„Endlich um vier Uhr morgens fuhren wir mit Herzklopfen durch das schöne Triumphtor in Heidelberg ein, das eine über alle unsere Erwartungen unbeschreiblich wunderschöne Lage hat. Enges, blühendes Tal, in der Mitte der Neckar, rechts und links hohe felsige, laubige Berge."

Die Brüder hörten juristische Vorlesungen bei Thibaut, klassische Philologie bei Johann Heinrich Voss und dessen Sohn Heinrich. Eine Persönlichkeit verfehlte ihre Wirkung auf die Studenten nicht, das war Prof. Joseph Görres, der die „Vier Tageszeiten" von Philipp Otto Runge interpretierte und mit denen die Freiherren immer wieder zusammentrafen. Eines verstanden die Eichendorffs nicht: Wie ein so großer und gelehrter Geist, eine so fromme katholische Gestalt wie Görres der „Französischen Revolution" seine Sympathien schenken konnte. Schließlich aber hatte er, der Förderer einer soliden Demokratiebewegung, sich von der Despotie, der Willkür

und den Schrecken, die in Frankreich herrschten, angewidert gezeigt. Die Machtübernahme durch Napoleon war für ihn der Höhepunkt einer nichteinschätzbaren Fehlentwicklung. Nun beschäftigte sich Görres unter dem Einfluss der Romantiker mit der Herausgabe der „Teutschen Volksbücher".
Die Stadt Heidelberg selbst, „eine prächtige Romantik", wirkte auf das Lubowitzer Brüderpaar ungemein anziehend. Hinzu kam die entzückende Landschaft, die Burgen, Berge, die Ruinen an Rhein und Neckar, die die Gedichte Josephs, der geradezu begierig nach neuen Lebenseindrücken war, beflügelten. Er ging mit wachen Augen durch den Tag, er sog die Bilder in sich auf, ja, er konnte später in der Rückschau bestätigen, dass das Heidelberger Jahr sein fruchtbarstes für seine poetische Entwicklung gewesen war. Im Kreis des Dichters Otto Heinrich Graf von Loeben fand Joseph eine neue geistige Heimat. Loeben war so etwas wie ein Hohepriester für die Studenten, die die Literatur liebten. Er schrieb Romane, Novellen, Gedichte und literaturkritische Beiträge für Zeitungen. Gemeinsame Spaziergänge, lange Gespräche, feuchtfröhliche Einkehr im „Roten Ochsen" in Rohrbach kennzeichneten die Begegnung mit dem Genie, das sich „Isidorus Orientalis" nannte und sich für den legitimen Nachfolger des 1801 verstorbenen Dichter Novalis hielt. Außerdem stand er den Schriften des protestantischen Mystikers Jakob Böhme recht nahe.
Beim Privatdozenten Görres hörten die Brüder auch Vorlesungen zur Ästhetik, zur Geschichte der Kunst, die großen Anklang fanden. „Bei Prof. Görres über den Himmelsbau hospitiert. Blass, jung wildbewachsen, feuriges Auge, fast wie Steffens, aber monologen Vortrag", hieß es in Josephs Tagebucheintragung.
Der so genannte „Ablasstag", zu Hause immer fröhlich gefeiert, blieb auch in Heidelberg ein bewährter Brauch. Die

Brüder gingen in Erinnerung an alte Zeiten über Haarlaß und Stift Neuburg „immer fort und fort auf Lubowitz zu in das dunkle Felsental hinein". Ein Stück der Heimat entgegen … Lubowitz lag etwa siebenhundert Kilometer Luftlinie von Heidelberg entfernt …

Eine neue Gedichtsammlung machte von sich reden. Clemens Brentano und Achim von Arnim stellten sich als die Herausgeber von „Des Knaben Wunderhorn" vor, in der sich die Volksseele mit ihrer einfachen, unmittelbaren Sprache Gehör verschaffte. Das war ein ganz anderer Stil als der künstlich aufgeblasene des Herrn von Loeben. Aus diesen Versen sprach die Natur in ihrer Schlichtheit und Größe, hier fanden Gefühle Ausdruck, die man in der Klassik vielleicht belächelt hätte. Wie groß war die Freude der Brüder, als sie erfuhren, dass die beiden Autoren gegenüber dem Wirtshaus „Zum Faulen Pelz" Quartier genommen hatten. Zusammen mit den Brüdern Eichendorff, dem Theologen Wilhelm Budde und dem preußischen Oberhofprediger Friedrich Strauß gründete Graf von Loeben den Dichterzirkel „Eleusischer Bund". Joseph agierte unter dem Namen „Florens", der „Blühende"; unter diesem Pseudonym erschienen zunächst auch seine Gedichte. Zuerst verband ihn mit von Loeben eine tiefe Freundschaft, doch im Laufe der Zeit wurden sie einander fremd, weil jeder seinen eigenen geistigen Weg suchte, ohne den Kontakt gänzlich zu unterbinden.
„Ich muss mit Armin und Brentano unbedingt Bekanntschaft schließen", drängte Joseph. „In ihrer Sammlung fühlen sich meine Gedichte wie zu Hause. Achim von Arnim ist mir ja kürzlich auf einem Spaziergang begegnet."
„Das wird sich vielleicht machen lassen, indem du Prof. Görres um die Vermittlung bittest. Aber …" Wilhelm stockte.

„Was ist? Was meinst du?“
„Du solltest weiter mit Ernst studieren und nicht so oft auf Minnepfaden wandeln, Seppel.“
Joseph errötete. „Wer sagt dir, dass ich …“
„Nun, ich bin ja nicht blind, mein Lieber. Ich weiß doch, dass du dem Käthchen schöne Augen machst und du ihr auch nicht gleichgültig bist.“
Joseph unterbrach seine Tagebucheintragungen. „Es ist mehr als eine Schwärmerei, Wilhelm. Zum ersten Mal fühle ich eine ganz tiefe Liebe zu einem Mädchen.“
„Verrenne dich nicht, Bruder. Du weißt, dass eine solche Verbindung keine Zukunft hat. Die gesellschaftlichen Grenzen …“
„Warum erstarren wir immer in den uns angeborenen Grenzen?“, rief Joseph. „Kann Liebe nicht stärker sein, dass sie diese Grenzen sprengt und die trennenden Brücken überwindet?“
Gegenüber dem „Roten Ochsen“ befand sich das Geburts- und Elternhaus der Rohrbacher Küfertochter Katharina Barbara Förster. 18-jährig kam sie als Haushaltshilfe zu ihrem Bruder, dem Bäckermeister Johann Jakob Förster in Heidelberg. So lernte sie die Eichendorff-Brüder kennen, die sich hier einquartiert hatten. Was zunächst wie Neckerei und Tändelei aussah, entwickelte sich im Laufe der Zeit zu einer tiefen Beziehung zwischen Joseph und Käthchen. Der junge Freiherr hielt die Erlebnisse des Öfteren im Tagebuch fest, ohne den Namen der angebeteten Jungfer zu nennen. Er sprach stets nur von „K“.
„Verunglückter Spaziergang nach Rohrbach mit Isidorus. Als wir zurückkehren, geht K. mit dem Bruder nach Rohrbach. Mein Nachholen und Einholen. Großer Wind. Trauer eines fast gebrochenen Herzens. Sich selbst bedauern. Ich allein im ‚Ochsen‘. Trüber Tag. Die Läden dunkel. Rauschen des

Baches draußen", lautete der Eintrag unter dem 7. Februar 1808. Für Joseph bedeutete diese Liebe nicht nur Glück, sondern auch Schmerz.

Mit dem anbrechenden Frühling schien die Beziehung zwischen Joseph und Käthchen vermeintlich aufzublühen. Doch wie bitter sollte sich Joseph täuschen! Denn unter dem 3. April ist zu lesen: „Als ich eben vom Spaziergange zurückkam, K. mit Schwester und Kameradin nach Rohrbach hinaus, unerwarteter Weise Heidelberg ganz verlassend. – Schöner warmer Abend. K. umschlungen und sehr lieb. An der wohlbekannten Hecke am Bache langer herzlicher Abschied..."

Unerwarteter Weise Heidelberg ganz verlassend? Ganz? Für immer? Was hatte das zu bedeuten? Als Käthchen an diesem Abend nach Hause kam, wartete Vater Johann Georg Förster mit ernstem Gesicht auf die verliebte Tochter.

„Ab heute ist Schluss mit der elenden Liaison, hast du verstanden?", sagte er streng. „Die Leute zerreißen sich schon das Maul über uns."

Käthchen erbleichte.

„Warum, Vater, was habe ich denn getan? Joseph von Eichendorff ist ein anständiger und wohlerzogener junger Mann. Wir lieben uns. Ist das verboten?"

„Ja! Und nochmals ja! Du glaubst doch nicht im Ernst, dass eine Verbindung zwischen einem Adeligen und einer Hausangestellten auf Dauer gut geht, oder?

Die vornehmen Damen und Herren heiraten unter sich, da ist ein Bürgermädchen aus dem Volke fehl am Platze."

„Er liebt mich doch, Vater, er hat es hundertmal beteuert!"

„Und wenn er es tausendmal beteuern würde – schlag dir die Flausen aus dem Kopf. Du bist eine willkommene Abwechslung im Liebesleben des jungen Herrn, mehr nicht. Und dafür bist du mir zu schade. Auch wenn wir kein Schloss besitzen,

du aber aus einem freilich anerkannten Handwerksbetrieb stammst, wir haben auch unseren Stolz – und unsere Ehre." Käthchen fiel vor dem Vater auf die Knie und umklammerte seine Beine.
„Joseph ist nicht so, Vater, ganz gewiss nicht. Großmutter, was meinst denn du dazu? Sag doch auch mal etwas!"
Großmutter Eva Maria Astor, eine Verwandte des bekannten Walldorfer Auswanderers nach Amerika und späteren Millionärs Astor, hatte sich in die Küche zurückgezogen und saß mit verweinten Augen auf der Ofenbank. Käthchen sprang auf und eilte in den Nebenraum hinüber. Da die Großmutter schwieg, rüttelte die Tochter sie an den Schultern. „Nun sprich doch endlich, ist das auch deine Meinung?"
Die Großmutter nickte. „Dein Vater wird wohl recht haben, mein Kind. Du bist keine angemessene Partie für den hohen Herrn. Von heute an bleibst du bei mir im Haus und lässt dich auf der Straße nicht mehr blicken."
Käthchens Mutter Maria Barbara, geb. Astor, lebte nicht mehr. Sie starb, wenige Tage bevor die Brüder nach Heidelberg kamen. Elf Kinder hatte sie geboren, von denen außer Käthchen noch drei ältere und zwei jüngere Schwestern im Hause wohnten. Bruder Wilhelm ging in die Bäckerlehre beim älteren Bruder in Heidelberg.
„Ich springe zu Tante Bertha hinüber, mal hören, was sie dazu sagt."
„Hier bleibst du", rief Johann Georg Förster und versperrte seiner Tochter den Ausgang. Tante Bertha war Käthchens Patentante und die dritte Frau des benachbarten Wirtes Johann Christoph Heis, nach dessen Tod sie den „Roten Ochsen" führte.

Nach Paris

Das abrupte, unerklärliche Ende der Liebe der Katharina Barbara Förster zu ihm erschütterte Joseph von Eichendorff dermaßen, dass er sein Studium in Heidelberg abbrach. Er konnte es nicht fassen, dass das heißgeliebte Käthchen ihn so schmählich im Stich gelassen hatte. Am 5. April 1808 verließen die Brüder Eichendorff die Stadt, die sie am 17. Mai des Vorjahres um 4 Uhr morgens mit Herzklopfen erreicht hatten. Ihr nächstes Ziel war Paris. Zunächst reisten sie auf Vorschlag und in Begleitung des Heidelberger Freundes und Medizinstudenten Nikolaus Heinrich Julius nach Speyer, das jetzt französisch war, dann nach Straßburg. Hier verließ sie der Freund, der die klammen Freiherrn an seinem Wohlstand hatte teilnehmen lassen, denn er stammte aus einer begüterten jüdischen Hamburger Familie. Er war es auch, der die Brüder mit Görres bekannt gemacht hatte. Seinen Schmerz verarbeitete Joseph in einem Gedicht, das nach der Vertonung 1814 durch Friedrich Glück zu einem bekannten Volkslied wurde.

Das zerbrochene Ringlein

In einem kühlen Grunde
da geht ein Mühlenrad,
meine Liebste ist verschwunden,
die dort gewohnet hat.

Sie hat mir Treu versprochen,
gab mir ein'n Ring dabei,

sie hat die Treu gebrochen,
mein Ringlein sprang entzwei.

Ich möcht als Spielmann reisen
weit in die Welt hinaus,
und singen meine Weisen,
und gehn von Haus zu Haus.

Ich möcht als Reiter fliegen
wohl in die blut'ge Schlacht,
um stille Feuer liegen
im Feld bei dunkler Nacht.

Hör ich das Mühlrad gehen:
Ich weiß nicht, was ich will. –
Ich möcht am liebsten sterben,
da wär's auf einmal still!

Joseph von Eichendorff sah Katharina Barbara Förster nie wieder. Seine „K." blieb unverheiratet. In ihren letzten Lebensjahren arbeitete sie in der Bäckerei und Wirtschaft „Zur schwarzen Traube", später „Schnookeloch" genannt, in der Heidelberger Altstadt. Sie starb 48-jährig am 30. Juli 1837 und wurde auf dem Friedhof an der Peterskirche bestattet. Das Mühlrad existiert nicht mehr.
Als Joseph von Eichendorff im hohen Alter sein Leben noch einmal Revue passieren ließ, schrieb er 1855 voller Dankbarkeit über Heidelberg dieses Gedicht.

Einzug in Heidelberg

Doch da sie jetzt um einen Fels sich wandten,
tat's plötzlich einen wunderbaren Schein,
Kirchtürme, Fluren, Fels und Wipfel brannten,
und weit ins farbentrunkne Land hinein
schlang sich ein Feuerstrom mit Funkensprühen,
als sollt' die Welt in Himmelsloh'n verglühen.

Geblendet sahen zwischen Rebenhügeln
sie eine Stadt, von Blüten wie verschneit,
im klaren Strome träumerisch sich spiegeln,
aus lichtdurchblitzter Waldeseinsamkeit
hoch über Fluss und Stadt und Weilern
die Trümmer eines alten Schlosses pfeilern.

Und wie sie an das Tor der Stadt gelangen,
die Brunnen rauschend in die Gassen geh'n,
und Hirten ferne von den Bergen sangen,
und fröhliche Gesell'n beim duft'gen Wehn
der Gärten rings in wunderlichen Trachten
vor ihrer Liebsten Türen Ständchen brachten.

Der Wald indes rauscht von uralten Sagen,
und von des Schlosses Zinnen überm Fluss,
die wie aus andrer Zeit herüberragen,
spricht abendlich der Burggeist seinen Gruß,
die Stadt gesegnet seit viel hundert Jahren
und Schiff und Schiffer, die vorüberfahren.

In dieses Märchens Bann verzaubert stehen
die Wandrer still. – Zieh weiter, wer da kann!
So hatten sie's in Träumen wohl gesehen,

und jeden blickt's wie seine Heimat an,
und keinem hat der Zauber noch gelogen,
denn Heidelberg war's, wo sie eingezogen.

Paris. – „Seppel, hast du überhaupt einen Blick für diese schöne große französische Metropole? Bereits in Straßburg ist mir aufgefallen, dass du wie verträumt durch die Straßen gingst und nicht einmal Augen für das gewaltige Münster hattest."

„Ich habe die 253 von den Revolutionären zerstörten Statuen am Münster gesehen, da ist mir alle Lust vergangen."

Wilhelm von Eichendorff machte sich ernstlich Sorgen um seinen wie geistesabwesend wirkenden Bruder. „Geht dir die Küferstocher nicht aus dem Sinn?"

„Ach, lass mich. Ein Armbruch heilt schneller als die Trauer der Seele. Ich werde wohl noch einige Zeit brauchen, bis ich den Verlust verschmerzt habe. Aber wir haben ja schließlich eine wichtige Aufgabe zu erfüllen."

„Du meinst Görres' Bitte, Exzerpte aus dem französischen Volksbuch von den Haimonskindern zu besorgen?"

„Ja, Wilhelm, ich werde mich mit ganzer Kraft dieser Aufgabe widmen und gern einige Tage in der kaiserlichen Bibliothek verbringen. Zudem bleibt mir Zeit, über meinen Platz in der Literatur nachzudenken."

Wilhelm stieß einen Freudenschrei aus. Joseph fuhr zusammen.

„Entschuldige, so hat der junge Goethe einst den jungen Morgen am Straßburger Münster begrüßt. Er soll darauf eine Weile ziemlich heiser gewesen sein."

„Ich bin nicht Goethe. Ich gehe meine eigenen Wege."

„Ich höre mit Erleichterung, dass du wieder neuen Mut zum Leben fasst, Seppel. Knüpfe an deine ersten literarischen Erfolge an und arbeite weiter, mein Bester."

Joseph verspürte den Drang, seinen Bruder in die Arme zu schließen. Ja, sie waren unzertrennlich. Die Kindheitsjahre und die Zeit des Studiums in Breslau, Halle und Heidelberg hatten sie zusammengeschweißt.
Fast einen Monat blieben die Brüder in Paris, dann fuhren sie, ihren Aufenthalt wahrscheinlich aus Geldmangel abbrechend, über Heidelberg zunächst bis Nürnberg, wohin sie Graf von Loeben begleitete und ihre Ausgaben großzügig beglich, und von Regensburg donauabwärts nach Wien. Die Schiffsreise inspirierte Joseph zum ersten Kapitel seines Romans „Ahnung und Gegenwart", das mit den Zeilen beginnt: „Die Sonne war eben prächtig aufgegangen, da fuhr ein Schiff zwischen den grünen Bergen und Wäldern auf der Donau herunter. Auf dem Schiff befand sich ein lustiges Häufchen Studenten. Sie begleiteten einige Tagesreisen weit den jungen Grafen Friedrich, welcher soeben die Universität verlassen hatte, um sich auf Reisen zu begeben… Von beiden Seiten sangen die Vögel aus dem Walde, der Widerhall von dem Rufen und Schießen irrte weit in den Bergen umher, ein frischer Wind strich über das Wasser, und so fuhren die Studenten in ihrem bunten, phantastischen Trachten wie das Schiff der Argonauten. Und so fahre denn, frische Jugend! Glaube nicht, dass es einmal anders wird auf Erden. Unsere freudigen Gedanken werden niemals alt und die Jugend ist ewig."
Otto von Loeben träumte von einem pseudo-mystischen „Sich Versenken in Natur und Religion" und pflegte eine Art verklärender Marienverehrung, der die Brüder, nach dem Universitätsbesuch eher liberal eingestellt, nicht folgen konnten. Doch religiös waren sie, zweifellos, und die Suche nach einer religiösen Lebensform sollte sie in den folgenden Jahren begleiten, bis Joseph sich eindeutig und überzeugt zum Katholizismus bekannte. Denn, das war die Quintessenz seiner

bevorstehenden Wiener Jahre, freie Religiosität genügte auf Dauer nicht, es war die Bindung an eine institutionalisierte Konfession erforderlich – und das war für Joseph von Eichendorff die katholische Kirche.
In jener Zeit in Wien zogen Madame de Staël und August Wilhelm Schlegel alle Aufmerksamkeit auf sich. Inzwischen eine gefeierte Schriftstellerin, machte die gebürtige Französin keinen Hehl aus ihrem Hass auf Napoleon, der sie wegen einer Verschwörung aus Paris hatte ausweisen lassen. Ihr Roman „Corinna oder Italien" hatte mehr als einen Achtungserfolg errungen und war in der deutschen Übersetzung durch Friedrich Schlegel – in Wahrheit aber durch seine Schwägerin Dorothea – von Goethe und der literarischen Welt hochgelobt worden.

Eigentlich wollten die Brüder in Wien, wo sie sich zunächst einige Wochen aufhielten, weiterstudieren und ihr juristisches Abschlussexamen ablegen, doch dann kam ein Hilferuf aus Lubowitz. Vater Adolf hatte sich in einer Weise verspekuliert, dass er einen erbitterten Kampf mit den Gläubigern ausfechten musste, wollte er den ohnehin schon geschmälerten Besitz nicht ganz verlieren. Hypotheken lasteten auf dem gesamten Areal, es war nur eine Frage der Zeit, wann Schloss Lubowitz und die Restgüter den Besitzer wechseln würden. Alleiniger Ausweg war eine lukrative Partie, eine Hochzeit mit einer vermögenden Baronesse. So regelte der Adel gemeinhin seine finanziellen Verbindlichkeiten.
Joseph von Eichendorff begann in dieser Zeit, oberschlesische Märchen und Sagen zu sammeln. Seine Kenntnisse der polnischen, der „wasserpolnischen" Sprache kam ihm dabei zustatten, die ihm seit seiner Kindheit zur zweiten Muttersprache geworden war. Der Kontakt mit den Handwerkern und Häuslern, denen er die alten Überlieferungen

ablauschte, brachte den jungen Dichter auf den Gedanken, ähnlich wie Arnim und Brentano ein Buch der Volkspoesie herauszugeben. Möglicherweise hatte ihm Brentano erzählt, dass zur gleichen Zeit die Brüder Grimm dabei waren, Kinder- und Hausmärchen zu sammeln; ihr Buch erschien erst 1812. Doch Joseph von Eichendorff hat seine Arbeit nie veröffentlicht. Vielleicht erschien sie ihm zu unausgereift oder sie machte anderen Plänen Platz. In jenem Jahr 1808 schrieb Heinrich von Kleist das Lustspiel „Der zerbrochene Krug", Fichte die „Reden an die deutsche Nation" und Beethoven seine „Fünfte Symphonie".

Woher nahm Joseph von Eichendorff die phantastischen Figuren, denen er Gestalt verlieh? Waren es wirklich freie Erfindungen, ausgestattet mit den Tugenden, die der Autor gern an sich selbst schätzte oder entdeckt hätte? Oder griff er auf eines der gesammelten Märchen und Sagen zurück, die er zu seiner Dichtung umgestaltete?

In der preußischen Metropole

November 1809: Reisen war zu Eichendorffs Zeiten oftmals eine Qual. Die Straßen waren in der Regel schlecht und voller Löcher. Zwischenfälle wie Räder- oder Achsenbrüche oder scheuende Pferde gehörten zum täglichen Fahrtenverlauf. Hinzu kam, dass die Brüder sich oftmals die Postkutsche nicht leisten konnten, sondern nach einfachen und billigen Beförderungsmitteln Ausschau halten mussten. Joseph hat über den ersten Teil seiner Berlin-Reise auf der Oder genauestens Buch geführt.

Im strengen Winter war die Fahrt auf den mit Steinkohlen aus dem Königshütter Steinkohlerevier beladenen Oderschiffen Richtung Frankfurt nicht ungefährlich, aber deshalb besonders preiswert. Die Flotte bestand aus vier Zillen: leichten, flachen Frachtkähnen, denen sich die Brüder anvertrauten. Breslau versank im Schleierdunst des Novembers. Dafür schoben sich dichte Eichenwälder bis an den Strom heran. Das Schifferleben war rau. Die Mahlzeiten bestanden aus trockenem Brot, Rindssuppe, etwas Rindfleisch mit Kartoffeln, manchmal mit Butter ergänzt. Wasser, Schnaps und Bier spülten die Speisen hinunter. Diener Jakob Schöpp – Sohn des Försters von Summin – bereitete die Mahlzeiten zu, doch mit geringem Aufwand, so dass alle aus einer Schüssel essen und alle aus einem Krug trinken mussten.

„Ihr werdet hoffentlich keine ansteckenden Krankheiten haben, sonst finden wir uns allesamt im Hospital wieder."

Die Töpfe und Krüge betrachteten die Gäste mit Abscheu,

denn sie wurden im eisigen Oderwasser notdürftig gereinigt und kamen sogleich wieder auf den Tisch. Joseph setzte sich auf den vorderen Teil des Schiffes und, gegen einen niedergelegten Mast gelehnt, betrachtete er trotz des eisigen Windes die wechselnden Landschaften.

„Du wirst dir den Pips holen, Seppel, wenn du noch länger dort sitzt", warnte sein Bruder Wilhelm, doch Joseph schlug den Mantelkragen hoch und zog den Kopf zwischen die Schultern. Nach Tisch zündete sich jeder eine Zigarre an, dann spielte man in der verqualmten Kajüte Lombre oder Piquette, las oder führte Tagebuch. Lagen die Schiffe abends vor Anker, so kamen die Matrosen der anderen Kähne schon mal herüber. Dann heizten die Schiffsjungen ein, dass der Ofen glühte und es so heiß wurde, dass man zu ersticken drohte. Schöpp hatte sein Nachtlager auf dem vierten Schiff, das er gegen 10 Uhr abends aufsuchte, um sich dort zur Ruhe zu legen. Wilhelm und Joseph aber krochen in der Vorderkajüte auf das enge Bettgestell, das mit Stroh ausgelegt war, und hörten durch die Wände das Schnarchen des Schiffsknechtes. Die Kajüten waren zugig, durch die Ritzen pfiff der Wind, die Mäntel, mit denen sie sich zudeckten, hielten die Kälte kaum ab. Joseph war ein präziser Chronist, der die Eindrücke und Beobachtungen in seinem Tagebuch festhielt. Glich das niederschlesische Beuthen nicht dem hinlänglich bekannten Krappritz, das märkische Crossen nicht der Kreisstadt Ratibor? Hier hatte die Familie Eichendorff oftmals bewundernd vor den überreichen Holzschnitzereien des Chores in der Liebfrauenkirche gestanden. An manchen Tagen konnte die Gruppe wegen der Kälte die Kajüte nicht verlassen. Doch den prachtvollen Anblick des Klosters bei Leubus, „das ein ungeheures, vollkommenes Karree von 365 Fenstern bildet" und die älteste und größte Klosteranlage in Schlesien darstellte, ließ sie sich nicht entgehen. 1175 hatte Herzog Boleslaus

der Lange Zisterziensermönche aus Pforta an der Saale hierher geholt, die Gründung wurde Mutterkloster von Kamenz und Heinrichsau und letztlich auch von Grüssau. Jetzt war eine Heil- und Pflegeanstalt in der weitläufigen Leubus-Anlage untergebracht – die Folgen der Säkularisation blieben auch hier spürbar.
Inzwischen war die Oderflotte auf acht Schiffe angewachsen, die bei der Zollstation Althammer das „Vaterland Schlesien" verließen und die Mark Brandenburg ansteuerten. Doch bei Krossen kam es zu einem Zwischenfall: Der alte, taube Lotse setzte die Schiffe auf Sand. Die Flotte war manövrierunfähig.
„Das hat uns noch zu unserem Glück gefehlt, jetzt sitzen wir hier tagelang fest und kommen nicht weiter."
Joseph stimmte seinem Bruder zu, doch zugleich gab er zu bedenken, jetzt wisse man, warum der Reisepreis im Winter so günstig sei. Schiffsherr Giercke forderte für die Reise bis Frankfurt neun Reichstaler. Gemeinschaftlich mit den Schiffsleuten versuchten die Brüder die Kähne wieder flott zu bekommen. Doch sie bewegten sich kaum.
„Zwei Tage warten wir noch ab, kommt dann keine Hilfe, müssen wir die Reise zu Fuß fortsetzen."
Abends spielten sie mit Schöpp Lombre. Die „unerhörten Schweinereien und Ungezogenheiten besonders unseres Steuermanns" gingen ihnen auf die Nerven. Als sie eines Morgens erwachten, lag die Landschaft unter einer Decke Schnee. „Ich gebe die Hoffnung auf, dass wir in diesem Jahr noch weiterkommen", sagte einer der erfahrenen Schiffsleute und maß den Himmel mit skeptischen Blicken. Die Brüder und Schöpp trennten sich alsbald von dem Kapitän und seiner Mannschaft und stolperten durch Sturm und fürchterliches Schneegestöber auf das nahe gelegene Neudorf zu. Die Frau des Bauern, bei dem sie für neun Taler ein Fuhrwerk mieteten, wollte beim Anblick der verwildert und herunter-

gekommen aussehenden Männer die Flucht ergreifen. In Frankfurt schliefen die Brüder seit vierzehn Tagen erstmals wieder ohne Kleider in den Betten.
Die Oder, der Fluss der Heimat, der das hoch gelegene Schloss Lubowitz mit der Welt verband, verklärte Joseph in seinen Gedichten. Noch unbekannt waren die Qualen der Schiffsreise, als er im Juni 1809 das Sonett „An die Oder" konzipierte:

Du blauer Strom, an dessen grünem Strande
ich Licht und Lenz zum ersten Male schaute,
in frommer Sehnsucht still mein Schifflein baute,
wie manch Schiff unten kam und zog und schwand.

Von blauen Bergen überm glänz'gen Lande
bracht'st du mir Gruß und fröhl'ge, sel'ge Laute,
dass ich den blauen Winden mich vertraute,
vom Ufer lösend hoffnungsreich die Bande.

Noch wusst' ich nicht, wohin und was ich meine,
doch Morgenrot sah ich unsterblich quellen,
wie liebt' ich Freiheit, Liebe, Kraft und Tugend.

Als ob das schöne Leben mich nur meine,
fühlt ich zu ferner Braut die Segel schwellen,
all' Wimpel rauschten da in ew'ger Jugend!

In der preußischen Metropole erwachte in den Brüdern die alte Theaterleidenschaft. Soweit sie dazu pekuniär in der Lage waren, nutzen sie die kulturellen Angebote Berlins, besuchten das Nationaltheater am Gendarmenmarkt oder ließen sich von Bekannten einladen und freuten sich über neue Begegnungen. Das Interesse an Graf von Loeben schwand in dem Maße, wie neue Sterne am Himmel aufzogen. Doch brachte er sich immer wieder hartnäckig in Erinnerung – mit manchem Vorteil für die Freiherren.

Mit den Worten „Seppel, ich habe eine Überraschung für dich" stürmte Wilhelm eines Tages in das bescheidene Quartier, das sie bei einem Uhrmacher in der Königsstraße im Stadtzentrum bezogen hatten. Er riss einen Brief aus dem Kuvert und hielt ihn dem Bruder hin. „Hier, lies, eine Einladung vom Staatsrechtler Adam Heinrich Müller. Du wirst es nicht glauben, aber an diesem Abend werden Clemens Brentano und Achim von Arnim ebenfalls seine Gäste sein."

Joseph las langsam, als könne er den Inhalt des Schreibens nicht fassen. Während sein Herz zu jubeln begann, sagte er leichthin zu seinem Bruder: „Eine Überraschung nur für mich? Ich denke, du bist von ihr ebenfalls betroffen."

Wilhelm stutzte. „Freust du dich denn gar nicht?"

„Natürlich. Ich kann gar nicht sagen wie. Ich habe mir doch immer eine Begegnung mit diesen Herren gewünscht, nachdem in Heidelberg doch einiges schiefgelaufen ist."

„Eben. Und es wird noch eine bedeutende Persönlichkeit anwesend sein."

„So? Wer denn? Spann mich nicht auf die Folter."

„Heinrich von Kleist."

„Heinrich von …"

„Ja, genau der. Ich denke, es wird gute Gespräche geben."

Der romantische Staatsphilosoph Müller, vordem Prinzenerzieher in Dresden, gab mit Kleist den „Phöbe" heraus. 1805 war er zum Katholizismus konvertiert und hatte Freundschaft mit Friedrich Schlegel geschlossen. In Müllers Haus, aber auch in den Soireen im Salon Sophie Sanders, bei denen auch ihr Gatte, der Buchhändler Daniel Sander anwesend war, gab es geistreiche Gespräche. Berlin war gerade dabei, sich als weiteres Zentrum der Romantik ins Licht zu rücken.

Die Brüder Eichendorff genossen die Atmosphäre, sogen die Eindrücke in sich auf, um sie später zu verarbeiten. Joseph tat es aus der Distanz, in seinem Roman „Ahnung und Gegenwart“ karikierte er einige Personen, von deren Ansichten er sich im Nachhinein distanzierte. Er musste seinen eigenen Weg als Schriftsteller gehen.
Am 23. Dezember 1809 wohnten die Brüder dem enthusiastisch begrüßten Einzug des Königspaares Friedrich Wilhelm III. und seiner beim Volk überaus beliebten, jetzt aber kränkelnden Königin Luise nach dem Exil von Königsberg in Berlin bei. Glockengeläut, Hurrarufe, Fahnen und Blumengewinde begleiteten den Triumphzug des von Napoleon gedemütigten Landesvaters und seiner Gemahlin. Viel zu spät traf die Nachricht ein, dass Großmutter Maria Eleonore von Koch, geb. von Hany, am Weihnachtstag in Lubowitz gestorben war.
In seinem Tagebuch notierte Joseph: „Mit Brentano bei Adam Müller, Brentano bei Eichendorff, Zusammenkunft mit Armin und Brentano in deren Wohnung.“ – Adam Müller war ein berühmter Staatsphilosoph, der später nach Wien ging.
Trotz eines Nervenfiebers, das ihn monatelang plagte, sah Joseph den Begegnungen mit Freude entgegen, schöpfte er jede Minute des Beisammenseins bis zur Neige aus.
Otto Heinrich Graf von Loeben und die beiden Eichendorffs genossen bei Achim von Arnim und Clemens Brentano nicht die Wertschätzung, die sie umgekehrt den beiden berühmten Dichtern zollten. Der spöttische Brentano schrieb an Wilhelm Grimm, die Eichendorffs seien doch „sämtlich sehr gutmütige, etwas sehr übliche gute arme Schlucker, sie stecken in einer kleinen Stube, haben abwechselnd das Fieber, dass immer einer zu Hause bleibt, ich möchte schier fürchten, weil die drei Leute nur zwei Röcke haben.“ Tatsächlich litt Joseph zeitweise an Nervenfieber. Allerdings wohnte Graf von Loeben nicht bei den beiden Brüdern.

Unbemerkt von den Brüdern Eichendorff reiste in jenen Tagen die Witwe des protestantischen Pastors Johann Jakob Ludwig Hensel mit ihren Kindern Wilhelm und Luise in die preußische Hauptstadt und bezog Quartier in der Straße Unter den Linden. Die Familie war zu äußerster Maßhaltung in Gelddingen gezwungen, seit Napoleon, der ab 1806 Preußen besetzt hielt, die Witwenrente auf 40 Prozent gekürzt hatte. Während Wilhelm Hensel die Kunstakademie besuchte und Auftragsarbeiten übernahm, arbeitete seine Schwester Luise als Näherin, um sich den Realschulbesuch zu finanzieren. Trotz ihrer beengten Verhältnisse gewannen die Geschwister Hensel Anschluss an die Berliner Gesellschaft und waren wie die Brüder Eichendorff in den Salons der Stadt willkommen. Hier trafen sich der Romantische Dichterkreis sowie der Naturforscher und Poet Adalbert von Chamisso, der Dichter und Verleger Friedrich de la Motte Fouqué, der ein eifriger Förderer Joseph von Eichendorffs werden sollte, sowie der Maler Philipp Veit, der sich mit Joseph im Kampf gegen Napoleon dem Lützowschen Freikorps anschloss. Wilhelm Hensel heiratete später Fanny Mendelssohn und kam so in Kontakt mit der geachteten Familie Moses Mendelssohn-Bartholdy. Die Gäste, darunter auch die Brüder Eichendorff, scharten sich um den berühmten E. T. A. Hoffmann, der im Mittelpunkt der Unterhaltung stand. Er schrieb gerade an seinem Märchen „Nussknacker und Mäusekönig", das wenige Jahre später einen beachtlichen Erfolg erzielte.
„Bemerkst du nicht, wie Clemens Brentano die junge Luise Hensel umschwärmt?" Mit einer leichten Neigung des Kopfes wies Wilhelm von Eichendorff seinen Bruder auf die beiden gegensätzlichen Menschen hin, die in angeregter Unterhaltung abseits in der Nähe der Tür zum Wintergarten standen.
„Sie ist doch fast noch ein Kind. Und er ist wenigstens ein Vierteljahrhundert älter als sie", flüsterte Joseph.

„Zwanzig Jahre sind es angeblich, die er älter ist."
„Dann sollte er die Finger von ihr lassen."
„Erinnerst du dich, Seppel, dass du einmal ganz wild darauf warst, die Bekanntschaft Brentanos zu machen?"
Joseph schien seine Antwort eine Weile zu überlegen, dann erwiderte er: „Ja, seine Bekanntheit, oder gar seine Berühmtheit haben mich seinerzeit fasziniert."
Wilhelm ging zum Buffet und kam mit zwei Gläsern Punsch zurück. „Brentano genießt noch immer eine gewisse Reputation, auch wenn er sich, wie man hört, manche gesellschaftliche Kapriolen leistet."
„Wie meinst du das?"
„Nun, er scheint bei Bekanntschaften nicht wählerisch zu sein."
„Was die derzeitige Situation aber Lügen straft. Die junge Hensel ist, wie du siehst, eine attraktive und ehrenwerte Erscheinung", nickte Joseph anerkennend.
„Fast noch ein Kind", lächelte Wilhelm. „Doch geistig reif und religiösen Fragen aufgeschlossen. Sie soll ausgezeichnet Harfe spielen können. Und sie dichtet, wie man hört."
„So, hört man. Vielleicht entwickelt sich hier ein Talent, von dem man noch sprechen wird?"
„Es wäre zu wünschen, Seppel. Vor allem eins, das sich nicht hinter einem Männernamen verstecken muss."
Josef folgte dem Bruder auf die andere Seite des Raumes. „Kennst du den Herrn dort, der sich angeregt mit dem Gastgeber unterhält?", fragte Wilhelm.
„Nein."
„Nun, das ist Ludwig Berger, der Klavierlehrer von Felix und Fanny Mendelssohn-Bartholdy."
„Und der Herr neben ihm?"
„Bei meinem ersten Besuch hier im Hause, als du wegen einer Magenverstimmung nicht mitkommen konntest, habe ich einige Worte mit ihm gewechselt. Er ist ein Kollege von dir."

„Also ein Dichter?“
„Wenn du dich so bezeichnest, ja. Außerdem ist er Bibliothekar und heißt Wilhelm Müller.“
Wilhelm Müller und der feurige Clemens Brentano verliebten sich später unglücklich in Luise Hensel. Müller ließ seinem Schmerz in Gedichten freien Lauf, die Franz Schubert unter den Titeln „Die schöne Müllerin“ und „Die Winterreise“ vertonte. Auch Graf Georg von Kleist war Luise Hensel in Liebe zugetan und setzte ihre „Wiegenlieder“ in Töne um. Ebenso machte Leopold Piaste, der Schwager von Chamisso, der schönen Luise Avancen. Doch sie sah in ihren Verehrern nur Freunde; sie hatte sich geschworen, aus religiösen Gründen nicht zu heiraten.

Die Heimfahrt von Berlin nach Schlesien war ebenfalls abenteuerlich. Vor Krossen fiel das Pferd in pechschwarzer Nacht im Wald in einen Graben. Vor Polkwitz ging das Hinterrad der Kutsche zu Bruch. Rutschend erreichte man die Stadt. Fünf Tage dauerte die Fahrt von Berlin bis Breslau. Hier kamen sie am 9. März 1810 wieder an, von wo sie am 9. November des Vorjahres aufgebrochen waren.

Zurück in Schlesien

Karoline von Eichendorff besuchte im Gegensatz zu ihrem Mann Adolf gern die Vergnügungsangebote der Nachbarschlösser oder das Breslauer Theater. Im Januar 1805 reiste sie in die Stadt, in der ihre beiden Söhne studierten. Die Brüder freuten sich riesig über die Anwesenheit der Mutter und die damit verbundene Unterbrechung des Alltags. Denn sie bedeutete, dass sie in ihrer Begleitung an den Bällen, Konzerten und Tanzvergnügen teilnehmen konnten. Karoline von Eichendorff kam in Gesellschaft eines zwölfjährigen Mädchens, das in Pogrzebin, unweit von Lubowitz, wohnte. Ihr Name war Luise von Larisch. Damals ahnte Joseph von Eichendorff noch nicht, welche Bedeutung dieses junge Mädchen, endlich zur heiratsfähigen Mademoiselle erblüht, einmal für ihn haben würde. Er nahm kaum Notiz von ihr, doch schien ihm seine Anwesenheit ein paar Zeilen im Tagebuch wert. „Nach der Mitte des Monats", so hieß es dort, „besuchte uns nämlich die Mama nebst der Freyle von Larisch und dem Schöpp junior in Breslau, musste aber wegen Mangel an Schnee ihren Schlitten in Löwen mit einer alten Carrete vertauschen … Während dem dreiwöchigen Aufenthalt der Mama in Breslau wohnten wir einem Ball bei Herrn von Strachwitz bei, wo wir zwei schöne Landsmänninnen, die Freyle von Welzek und Strachwitz kennenlernten und bis nach Mitternacht tanzten."

Wo hatte ich damals nur meine Augen?, fragte sich Joseph später. Warum war ihm Luise, die er eines Tage so heiß umwerben würde, auf dem Ball nicht weiter aufgefallen? War sie noch das Nesthäkchen, das seine Reize unerkannt im Verborgenen hütete, oder hatte er nur Augen für die aufgeblühten Schönheiten vor ihm gehabt? In seiner Jugend hatte er für manches schöne Mädchen aus der bürgerlichen oder adeligen Welt geschwärmt. Doch mit Luise von Larisch verband ihn schon bald eine Schicksalsgemeinschaft.

Mädchenseele

Gar oft schon fühlt ich's tief, des Mädchens Seele
wird nicht sich selbst, dem Liebsten nur geboren.
Da irrt sie nun verstoßen und verloren,
schickt heimlich Blicke schön als Boten aus,
dass sie auf Erden suchen ihr ein Haus.
Sie schlummert in der Schwüle, leicht bedeckt,
lächelt im Schlafe, atmet warm und leise,
doch die Gedanken sind fern auf der Reise,
und auf den Wangen flattert träumrisch Feuer,
hebt buhlend oft der Wind den zarten Schleier.
Der Mann, der da zum ersten Mal sie weckt,
zuerst hinunterlangt in diese Stille,
dem fällt sie um den Hals vor Freude bang
und lässt ihn nicht mehr all ihr Lebelang.

Was nutzte die aufkeimende Liebe zu diesem jungen Mädchen, wenn die Sorgen des Alltags überhandnahmen? Zwischenzeitlich versuchte Joseph gemeinsam mit seinem Bruder Wilhelm, einen Weg aus der drohenden Insolvenz zu finden. In dieser Zeit muss ihm Aloysia Anna Victoria – kurz Luise oder auch zärtlich „Luiska" genannt –, geboren am 18. Juli 1792 in Niewiadom bei Rybnik, bewusst begegnet sein. Sie war die älteste Tochter des in Pogrzebin im Kreis Ratibor wohnhaften Gutsbesitzers Johann von Larisch und seiner Frau Helene, geb. von Czentner. Obgleich Landadelige, waren die Larischs nicht sehr vermögend.

Lubowitz lag drei Wegstunden von Pogrzebin entfernt. Die Familien trafen sich oft auf Bällen, auf fröhlichen Festen auf einem der Güter oder in Ratibor, wenn Markttag war. Joseph, der die junge Baronesse zunächst kaum beachtet hatte, hielt seine beginnende Liebe zu dem siebzehnjährigen Mädchen zunächst geheim, später offenbarte er sich ihr nur in Gedichten. Briefe fehlten oder wurden in beidseitigem Einverständnis vernichtet. Die Verbindung passte seinen Eltern nicht, und auch die Familie von Larisch hatte ihre Bedenken. Vor allem Josephs Mutter sträubte sich. Sie hätte ihren zweigeborenen Sohn lieber mit Julie Gräfin Hoverden liiert gesehen, der Nichte und Erbin von Maria Anna Gräfin Hoverden, wodurch sie aller finanziellen Sorgen enthoben worden wäre. Als sich Joseph für Luise entschied, war der wirtschaftliche Ruin des väterlichen Besitzes nicht mehr aufzuhalten. Im Frühjahr 1809 verlobte er sich heimlich mit Luise von Larisch gegen den Willen beider Elternteile.

Die politische Situation wurde immer prekärer: Napoleon bedrohte die Kleinstaaten, sein mächtiges gut ausgerüstetes Heer stampfte ihre Grenzen nieder und zog, eine Spur der Vernichtung hinter sich herziehend, immer weiter in östliche Richtung. Viele junge Menschen meldeten sich zu den Waffen oder wurden von ihren Fürsten rekrutiert. Joseph von Eichendorff schwankte. Einerseits fühlte er sich verpflichtet, wie viele junge Männer den Freiheitskampf gegen Napoleon zu unterstützen, erst recht nach der großen Niederlage Preußens und seiner Verbündeten in der Schlacht bei Jena und Auerstedt am 14. Oktober 1806, andererseits musste er an sein Studium und die Berufswahl denken.

„Brief an Luise geschrieben“ – am 8. November 1809. Am Heiligabend 1809 gingen ein Gedicht und ein Brief an die Angebetete ab.

„Ich verstehe nicht, warum du nicht einmal zu uns nach

Lubowitz kommst", beschwerte sich Joseph einmal bei Luise. „Ich muss regelmäßig zu dir nach Pogrzebin reisen, und wenn ich mich eine Weile nicht habe sehen lassen, gibt's gleich Vorwürfe."

Luise zögerte mit der Antwort. Sie wollte Joseph nicht zu nahe treten, dann aber sagte sie: „Ich ahne, dass ich deinen Eltern nicht willkommen bin. Entweder sie hatten eine andere Braut für dich auserwählt oder ich bin ihnen nicht liquid genug."

„Wie kannst du so etwas sagen, Luiska? Darf ich nicht selbst entscheiden, wen ich liebe und mit wem ich mein Leben teilen möchte? Und Geld – Geld ist doch nicht das A und O einer Ehe."

„Für unsere Familien aber wohl doch. Sie sind beide nicht auf Rosen gebettet und der Gerichtsvollzieher schleicht in Lubowitz schon ums Haus."

Solche Gespräche waren müßig. Gegenseitige Vorwürfe konnten beide nicht vertragen, und umso heftiger beschworen sie ihre Liebe, die auch den heftigsten Stürmen standhalten musste.

Dein Bild wunderselig
hab ich im Herzensgrund,
das sieht so frisch und fröhlich
mich an zu jeder Stund.

Denk ich, du Stille, an dein ruhig Walten,
an jenes letzten Abends rote Kühle,
wo ich die teure Hand noch durfte halten,
steh ich oft sinnend stille im Gewühle.

Joseph war sich seiner vertrackten Situation bewusst. Er war nicht wohlhabend, sondern im Gegenteil nur mit den nö-

tigsten finanziellen Mitteln ausgestattet. Musste er, um den elterlichen Besitz zu retten, wirklich eine reiche Partie anstreben, ohne zu wissen, ob er das in Aussicht genommene Edelfräulein je lieben würde, oder durfte er seinem Herzen folgen und die geliebte Luise zur Frau nehmen? Und umgekehrt? Hofften nicht auch Luises Eltern auf finanzielle Erleichterung von seiner Seite, die er nicht bieten konnte? Eine Weile tobte ein ungleicher Kampf in seiner Seele.
Joseph von Eichendorffs Gedanken galten, wo immer er sich aufhielt, ob in Berlin oder in Wien, Luise von Larisch. Indes hatte Achim von Arnim seiner Braut Bettina in Berlin folgenden Vorschlag gemacht: „Ich meine, wir heiraten uns, wann und wo es sei, nur bald. An Mobilien brauchst Du so nicht viel, wenn Du ein Fortepiano hast, ich hab mein Schreibpult.“
Der junge Baron war längst nicht so weit, um Luise ähnliche Vorschläge unterbreiten zu können. Zögerte er? Am 9. März 1810 waren die Brüder aus Berlin wieder in Breslau angekommen. Warum hatte Joseph es plötzlich nicht mehr so eilig, von hier nach Lubowitz weiterzureisen? Waren der Besuch beim alten Schulfreund Thiel oder die Aufführung im „Mösekasten“-Theater nur ein Vorwand? Erst am 12. März früh gegen neun Uhr fuhren sein Bruder und er mit Lohnkutschen ab, doch die Neiße behinderte die Weiterfahrt mit gefährlichem Hochwasser. „Vor Rogau bei angebrochener Nacht blieben wir in einem Mordloche totaliter stecken“, hielt er im Notizbuch dazu fest. Ersatzpferde, die Stricke rissen, unter Geschrei und Peitschenknallen kamen die Reisenden aus dem misslichen Dreckloch heraus. Am 14. März abends gegen neun Uhr endeten die Reisestrapazen im Lubowitzer Schlosshof, und die Brüder überraschten die Eltern und den Kaplan im Tafelzimmer, wo sie gerade gespeist hatten.

Joseph hatte Luise ein halbes Jahr nicht gesehen. Doch auch jetzt machte er noch keine Anstalten, nach Pogrzebin zu reiten. Der Vater drängte nicht, die Mutter, die ja stets auf eine bessere Partie gehofft hatte, erst recht nicht. Und auch Wilhelm hielt sich zurück. Hatte er Luise von Larisch nicht als Erster schöne Augen gemacht und war dann an Josephs einfühlsamer Art Frauen gegenüber gescheitert? Von Berlin aus hatte Joseph Luise mehrere Briefe geschrieben und ihr auch gestanden, dass sie für ihn während seiner Erkrankung am Nervenfieber der „Inbegriff von Heimat" gewesen sei und dass er dank ihr die Krise überstanden habe.

Die Initiative zum Wiedersehen ging wohl von der Familie Larisch aus. Fühlten sich die Eltern kompromittiert, weil sich der zukünftige Bräutigam so lange nicht meldete, ihre Tochter vor der adeligen Gesellschaft bloßgestellt? Am 3. April fügte es sich, dass die Eichendorffs und die Familie Larisch sich wie zufällig auf dem Jahrmarkt in Ratibor trafen, wohin sie um sechs Uhr früh „mit den vier ledernen Schimmeln zu Wagen" aufgebrochen waren. Doch Joseph setzte sich unauffällig von der Familie ab und kam dann, nachdem er viele bekannte Gesichter getroffen hatte, zum vereinbarten Treffpunkt ausgerechnet in einem Kloster. Dort erwarteten ihn neben Mitgliedern der Familie Larisch einige vornehme Herren, Offiziere und Adelige, die dem zweiundzwanzigjährigen Eichendorff mit Vorträgen über Mannesehre und Ritterlichkeit klarzumachen versuchten, welches Schicksal Luise drohe, wenn er das Heiratsversprechen nicht einzuhalten gedenke.

„Nach einigen Gesprächen kam eine Bitte von Frau Larisch an mich", so verzeichnete das Tagebuch, „mich in das obere Sprechzimmer zu verfügen, wo ich Frau von Larisch neben Luise fand (schwarzes Kleid und Mantel, blass). Vorwürfe über Nichtkommen und Nichtschreiben." – Es war eine peinliche Unterredung. War es immer noch die sinnlose Schwärmerei für Madame Benigna Sophie Amalie Hahmann in Ratibor, die Joseph nicht klar denken ließ? Oder waren die anspruchsvollen Erwartungen des Grafen von Loeben, der in seinen Briefen immer noch eine gewisse Gefolgschaftstreue einforderte, mit der Grund für das zögerliche Verhalten des jungen Baron?

„Merkst du nicht, wie Madame Hahmann uns gegeneinander ausspielt?“, schimpfte Wilhelm einmal, als er Josephs verzweifeltes Gesicht sah. „Mal zeigt sie dir, dann mir ihre Gunst.“

„Meinst du wirklich?“

„Ja. Und sie genießt unsere Eifersucht. Ist dir nicht aufgefallen, dass sie uns mit ihren Reden und Gesten nur auseinanderbringen will?“

„Vielleicht ist es Neid – Neid, weil zwei Menschen wie wir sich so gut verstehen.“

Nein, aus Wilhelms Blickwinkel hatte Joseph die Ereignisse noch nicht betrachtet.

Die Gesellschaft verbrachte den Abend auf einem Ball und den folgenden Tag in Ratibor gemeinsam. Doch wieder gab es Missverständnisse, Komplikationen und Empfindlichkeiten. Manchmal ließ der dichtende Eichendorff auch Armut als Grund für seine Unentschlossenheit gelten. Er schilderte Luise seine pekuniär angespannte Lage in Reimen.

Das Flügelross

Ich hab nicht viel hienieden,
ich hab nicht Geld noch Gut;
Was vielen nicht beschieden,
ist mein; – der frische Mut.

Was andre mag ergötzen,
das kümmert wenig mich,
sie leben in den Schätzen,
in Freuden lebe ich.

Ich hab ein Ross mit Flügeln
getreu in Lust und Not,
das wiehernd spannt die Flügel
bei jedem Morgenrot.

Mein Liebchen! Wie so öde
wird's oft in Stadt und Schloss,
frisch auf und sei nicht blöde,
besteig mit mir mein Ross!

Wir segeln durch die Räume,
ich zeig dir Meer und Land,
wie wunderbare Träume
tief unten ausgespannt.

Hellblinkend zu den Füßen
unzähl'ger Ströme Lauf –
es steigt ein Frühlingsgrüßen
verhallend zu uns auf. …

Luise von Larisch, im Verseschmieden nicht unbegabt, antwortete dem geheimen Freier ebenfalls mit einem Gedicht:

Wohl wird es oft so öde
im Walde wie im Haus,
doch bin ich noch zu blöde,
ich kann nicht mit hinaus.

Dank für des Sitzes Teilen
auf buntbeschwingtem Ross.
Ach, ich muss hier noch weilen
im Keller und im Schloss.

Denn will ich von den Stufen
mich schwingen auf dein Pferd,
da treibt der Mutter Rufen
mich mahnend an den Herd.

Rasch muss ich da erleben
dein Ross bei diesem Ton,
und all das schöne Leben
flieht schüchtern mir davon.

So muss ich denn noch zagen,
doch bin ich dir vereint,
da mag das Ross mich tragen
so weit der Himmel scheint.

„Machte ich mich an einem vollkommen heiteren Frühlingstage gen sechs Uhr des Morgens zu Fuß das erste Mal nach Pogrzebin auf", vermeldete das Tagebuch Josephs unter dem 28. April 1810. Das bedeutete immerhin eine Wegstrecke von rund fünfzehn Kilometern. Bei Leng ließ sich Eichendorff über die Oder setzen und marschierte dann jenseits des Stromes unter dem Gesang aller Vögel durch den schönen Eichenwald voll blühender Sträucher, musste vor und hinter Markowitz verschiedene Dämme überqueren, wobei ihn, durch Wasser schreitend, manchmal Hunde verfolgten, und kam dann auf einen einsamen Waldberg. Von hier genoss er eine herrliche Aussicht auf Ratibor, wo gerade die Glocken läuteten, durchmaß die Ebene von Rzychow, lief querfeldein

ohne Pfad und Steg und kam gegen neun Uhr in Pogrzebin an. Luise kam ihm freudestrahlend entgegen …
Abends ließ sich Eichendorff auf einer „Wurst" bis Ratibor fahren und traf auf dem Heimweg zu Fuß auf seine Mutter, Bruder Wilhelm, Schwester Luise und den Kaplan, die ihm wie verabredet entgegengewandert waren.

Hahmann, Hahmann und immer wieder Madame Hahmann! Wie oft stieß Joseph von Eichendorff bei der Betrachtung seiner Tagebucheintragungen auf diesen Namen? Immer wieder befanden sich Wilhelm und er auf dem Weg nach Ratibor zum Stelldichein, zum Spaziergang, zum ungezwungenen Amüsement. Darüber vergingen Tage, ja Wochen. Dabei wäre der Weg von Ratibor nach Pogrzebin zur wartenden Braut nur etwa sechs Kilometer lang gewesen.
Am 9. Mai startete Joseph, endlich, einen abermaligen Versuch, in Luises Familie eine gute Figur zu machen, was aber trefflich misslang. Gemeinsam mit Wilhelm fuhr er bis Ratibor.
„Du hast es gut, du kannst mit Madame Hahmann ein Plauderstündchen halten", beneidete Joseph seinen Bruder.
„Und du hast es gut, weil du deine Braut triffst."
Diese Bemerkung machte Joseph sprachlos. Aber er ging mit gemischten Gefühlen den Weg bis Pogrzebin, ohne die Natur, die sonst zu ihm sprach, auf sich wirken zu lassen. Eigentlich wollte Joseph wohl über Nacht bleiben, doch daraus wurde nichts, erst recht nichts, als er sah, dass Familie Larisch im Gartenhäuschen den „Freimüthigen" las. Dieses „Berliner Unterhaltungsblatt für gebildete und unbefangene Leser" ging mit den Klassikern und Romantikern nicht zimperlich um und war für Eichendorffs Heidelberger und Berliner Freunde ein rotes Tuch. Hinzu kam, dass man in der Stube Josephs Briefe aus Berlin der versammelten Hausgemeinschaft vorlas, was dessen Laune noch mehr trübte.

Da konnte er sich nur in seine Dichtkunst flüchten. Am 31. Mai hieß sein Eintrag ins Tagebuch: „Diesen Monat eben nicht sehr zeitig aufgestanden. Bei den schönen Tagen mit allem Zubehör draußen geschrieben auf kleinen Holztischchen, wovon das eine unten in der Hasengartenlaube, das andere oben an dem einsamen Pfeiler errichtet war." Auch Wilhelm schrieb, schließlich war er nicht unbegabt, aber er beließ es bei gelegentlichen Eingebungen. Gedrängt, etwas zu Papier zu bringen, fühlte er sich nicht. „Die Zauberei im Herbste" ist ein hintergründiges Märchen, an dem Joseph sich versuchte und das ihn von der Anziehungskraft der Madame Hahmann löste.

Wilhelm aber war nach wie vor von Madame Hahmann fasziniert. Am 14. Juni 1810 fuhren sie abermals bis Ratibor, dort trennten sich ihre Wege. Während Wilhelm aufs Schloss ging, wanderte Joseph nach Pogrzebin, wo er nur auf Luise und ihre Mutter stieß. „Herumsielungen" im Garten vermerkte das Tagebuch, wie er das Sich-mit–Behagen-hin-und-her-Wälzen nannte, dann „Schlummern mit einem Tuche zugedeckt". Als abends Herr von Larisch nach Hause kam, machte sich der Baron wieder auf den Heimweg, von Luise und ihrer Mutter bis weit hinter das Lindenvorwerk begleitet. Zu allem Überfluss zog auch noch ein Gewitter auf. Joseph musste sich beeilen, kam in die Vorstadt von Ratibor, verirrte sich, musste die alte Oder durchwaten und erreichte bei Sonnenuntergang endlich Leng, wo er sich übersetzen ließ und von den Lubowitzer Familienangehörigen schon erwartet wurde.

Am 21. Juni 1810 heißt es im Tagebuch: „Am Fronleichnamsfeste fuhren wir beide zu ‚Wurst' früh nach Pogrzebin. Herr von Plucinsky begleitete uns bis Ratibor, wo wir mit demselben bei den Jungfern eine Messe hörten. Darauf im Regen bis Pogrzebin, wo eben Frau von Larisch, Luise, Frau und Herr von Poremski aus der Kirche angefahren kamen. Auf mein Überreden zieht sich Luise noch einmal um. Klavierspielen, Gitarre, Singen etc ...“ Luise wagte es sogar, sich auf Josephs Schoß zu setzen. Doch die Freude des Nachmittags wurde getrübt, als „Herr von ... mit seiner Frau“ erschien. „ Dick, bärtig, jung, erbärmlich gesprächig und artig. Meine sonderbare üble Laune. Fortgefahren.“ Ein Anflug von Eifersucht hatte ihn verstimmt.

Ein Brief des Grafen von Loeben aus Wien erinnerte die Brüder daran, dass sie nun endlich ihre Studien abschließen müssten. Trennung bedeutete in diesem Fall, dass die Verlobung zwischen Joseph von Eichendorff und Luise von Larisch nun auch offiziell werden musste. Beide Familien stellten sich der Verbindung nicht mehr in den Weg, obwohl die Vorbehalte der Mutter Josephs, Baronesse Eichendorff, weiter bestanden.
Das junge Paar machte sich Gedanken darüber, wo es nach der Hochzeit seinen Wohnsitz nehmen sollte. Joseph träumte von einem Gutshof, auf dem er als Gutsherr und Dichter wirken wollte, Luise gefiel sich in ihrer Rolle als Gutsherrin und Mutter zahlreicher Kinder. Natürlich würde Freund und Diener Jakob Schöpp in den Hausstand übernommen. Als Wohnort schwebte ihnen das Rittergut Summin vor, das zur Herrschaft Slawikau gehörte und von Adolf von Eichendorff, Josephs Vater, 1798 erworben worden war. Es befand sich östlich der Oder an der so genannten „Alten Straße“, die von Ratibor nach Rybnik führte, und lag von allen Eichendorffschen Gütern Luises Geburtsort Niewiadom und ihrer Taufkirche in Rybnik am nächsten. – Doch jetzt ging es erst einmal nach Wien!

Geliebtes Wien

Was bedeutete der Abschied von Lubowitz dieses Mal? Wie oft waren die Brüder schon von der geliebten Heimat geschieden, mit Trauer im Herzen, jedes Mal einen wehmütigen Blick zurückschickend? Diesmal schien alles anders, noch schwerer zu sein. Am Vorabend der Abreise schlich sich Joseph noch einmal in seinen „Hasengang“ hinaus, er umrundete das Schloss, durchschritt den Park und betrachtete die in der Ferne bläulich schimmernden Berge. Die Sonne verschwand gerade hinter den Baumwipfeln. Noch ehe er sein Notizbuch zücken und die Feder spitzen konnte, formten sich wie von selbst die Abschiedsreime.

Abschied

O Täler weit, o Höhen,
o schöner, grüner Wald,
du meiner Lust und Wehen
andächtiger Aufenthalt!
Da draußen, stets betrogen,
saust die geschäftige Welt,
schlag noch einmal die Bogen
um mich, du grünes Zelt!

Wenn es beginnt zu tagen,
die Erde dampft und blinkt,
die Vögel lustig schlagen,
dass dir dein Herz erklingt:
Da mag vergehen, verwehen

das trübe Erdenleid,
da sollst du auferstehen
in junger Herrlichkeit!

Da steht im Wald geschrieben
ein stilles, ernstes Wort
von rechtem Tun und Lieben,
und was des Menschen Hort.
Ich habe treu gelesen
die Worte, schlicht und wahr,
und durch mein ganzes Wesen
ward's unaussprechlich klar.

Bald werde ich dich verlassen,
fremd in der Fremde gehn,
auf buntbewegten Gassen
des Lebens Schauspiel sehn;
Und mitten in dem Leben
wird deines Ernsts Gewalt
mich Einsamen erheben,
so wird mein Herz nicht alt.

Das Thema „Abschied“ ließ Joseph nicht los. Es schien, als litte er mehr als sein Bruder Wilhelm unter dem erspürten Verlust der Heimat. Wilhelm äußerte sich nicht in Gedichten, obgleich auch er zeitweise literarisch tätig war. Aber wenn er schon keine Abschiedsgedanken zu Papier brachte, musste das nicht bedeuten, dass er nicht ebenfalls unter den Umständen litt.
Im Spätherbst 1810, nun also in Wien, begann Joseph von Eichendorff mit der Niederschrift seines Romans „Ahnung und Gegenwart“, und er versuchte sich, angeregt durch die politische Unruhe vor Napoleons Russlandfeldzug, an dem

Trauerspiel „Hermann und Thusnelda“, hatte jedoch nicht die Muße, es zu vollenden. Joseph wäre nach Kaspar von Hohenstein der zweite Schlesier gewesen, der sich dieses Historienstoffes angenommen hätte.
Doch Dichtung hin oder her. Die Brüder waren nach Wien gekommen, um endlich ihre juristischen Studien zu Ende zu bringen und die erforderlichen Prüfungen abzulegen. Darin unterschieden sie sich von der üblichen Praxis in ihren Kreisen: Adelige junge Herren machten selten ihren Abschluss, sie wuchsen gleichsam traditionsgemäß in die Verwaltung ihrer Schloss- und Hofgüter hinein. Doch die Eichendorffs wussten, dass es bei ihnen zuhause bald nichts mehr zu verwalten gab, und sie strebten deshalb die Beamtenlaufbahn im Staatsdienst an. Jetzt aber verzauberte das alte, herrschaftliche Wien die Gäste, die zunächst im Hause eines entfernten Verwandten, des Grafen Joseph von Wilcken, wenigstens eine adäquate Unterkunft gefunden hatten und der sie in die Wiener Gesellschaft einführte.
Es war, als müsse diese Stadt gewissermaßen einen Kontrapunkt zu den politischen Verwirrungen der Zeit bilden. Je beunruhigender die Nachrichten über die napoleonischen Kriegswinkelzüge lauteten, umso strahlender entfaltete sie ihr gesellschaftliches und kulturelles Leben mit einander überbietenden Höhepunkten. Die jungen Barone, an Theater- und Konzertveranstaltungen jeder Art gewöhnt, stürzten sich ins Vergnügen und genossen die Einladungen in vornehme Häuser, vor allem in das Palais des Prinzenerziehers und romantischen Staatsphilosophen Adam Heinrich Müller, der inzwischen in österreichischen Diensten stand und ihnen später auch Wohnung bot. Mit tiefer Ergriffenheit lauschten sie Haydens „Schöpfung“ im Festsaal der alten Universität. Studieren, schreiben, genießen – nach diesem Dreiklang ließ sich gut leben. Europäische Staatskunde, Kriminalrecht, rö-

misches Zivil-, Privat- und Kirchenrecht gehörten zur Vorlesungsskala.

Dank Graf von Loebens Empfehlung verkehrten die Brüder schließlich auch im Hause Dorothea und Friedrich Schlegels, die ebenfalls nach Wien übergesiedelt waren. Dort lernten sie den Redemptoristen Clemens Maria Hofbauer kennen, einen ungemein gebildeten und vielseitigen Geistlichen, der verschiedene Ordensniederlassungen in Polen, Deutschland und der Schweiz gegründet hatte und jetzt in Wien als Prediger die Menschen begeisterte. Sein politischer und religiöser Einfluss lieb unbestritten. „Er ließ, heimlich hinstellend, eine Torte zurück, die wir dann mit Wein verzehrten. Madame Schlegel hatte ihm schon von uns erzählt", schrieb Joseph in sein Tagebuch.

Hofbauer, ein frommer und hellhöriger Priester, beobachtete die Entwicklung in Europa mit Argusaugen. Er ahnte, dass mit den politischen Umbrüchen leicht eine religiöse und geistige Dekadenz Fuß fassen konnte, erst recht, weil der Samen der Französischen Revolution mancherorts zu sprießen begann. „Ich halte eine Neuevangelisierung Europas für dringend erforderlich", verkündete er im Hause Schlegel. Dieser Bahnbrecher echter katholischer Erneuerung verstand es, den Romantikern in Wien den katholischen Glauben wieder neu zu erschließen und ihnen Impulse für ihr weiteres Leben zu geben. Die Brüder Eichendorff waren begeistert, und vor allem Joseph empfand die katholische Kirche immer mehr als seine eigene. Ob es stimmte, dass Hofbauer dem Papst einmal gesagt habe, die Deutschen hätten die Reformation nur gemacht, weil sie fromm bleiben wollten? Zu den herausragenden Begegnungen gehörte auch die Bekanntschaft mit dem Freiheitsdichter Karl Theodor Körner.

Bei Friedrich Schlegel, dessen Beichtvater Hofbauer war, hörte Joseph von Eichendorff Vorlesungen „über die Geschichte

der alten und neuen Literatur". Was ihm Görres in Heidelberg bedeutet hatte, wurde Schlegel nun in Wien. Als Schlegels Schriften im Druck erschienen, opferte Joseph das Geld für die täglichen Mahlzeiten, um sie erwerben zu können.
„Seine Frau Dorothea ist in der Literatur nicht minder bewandert", eröffnete Wilhelm eines Tages seinem Bruder. „Du könntest ihr deine dichterischen Werke einmal zur Prüfung hinterlassen. Vor allem ihr Urteil über deinen Roman, der, wie du sagst, ja seiner Vollendung entgegengeht, dürfte wegweisend für deine weitere Arbeit sein."
Joseph zögerte mit der Antwort. Jemand anderem etwas von sich zu zeigen, wo er doch recht unsicher war, ob sich seine Dichtung an der Qualität anderer messen ließ, widerstrebte ihm. Er hörte den etablierten Autoren eher zu, lauschte ihrer Beurteilung, zog für sich Konsequenzen.
„Es ist eine höchst intelligente Frau, Seppel. Ich gebe zu, mit einem bewegten Leben, das nicht überall auf Gnade stieß, denn sie war schon zweimal verheiratet."
„Ach ja?" Joseph pfiff durch die Zähne.
„Ich weiß, das widerspricht deinem katholischen Eheverständnis. Aber sie hat ein klares Urteil."
„Du scheinst ja einige Informationen über sie eingezogen zu haben."
„Das war nicht schwer. Während du an Schlegels und Müllers Lippen hingst, damit dir ja keines ihrer gescheiten Worte entging, habe ich mich umgehört."
„Und was hast du erfahren, Bruder?"
„Ursprünglich hieß sie Brendel, Brendel Mendelssohn. Sie ist die Tochter des berühmten Seidenfabrikanten, Philosophen und Poeten Moses Mendelssohn. Ihr erster Mann hieß Simon Veit, ein Kaufmann, unansehnlich, nicht intelligent, hohl und platt, wie Wilhelm von Humboldt einmal gesagt haben soll. Und ausgerechnet diesen jungen Mann hatte der all-

seits geschätzte Vater für seine belesene Tochter ausgesucht. Kein Wunder, dass die Ehe nicht von Dauer war. Aber sie haben einen Sohn, Philipp, einen Maler mit großer Zukunft, wie ich hörte, der Malschule der Nazarener nahe stehend."
„Woher weißt du das alles?", fragte Joseph verblüfft.
„Man hat eben seine Beziehungen, Seppel." Wilhelm grinste.
„Dann erspare mir deine weiteren Ausführungen." Es klang leicht beleidigt.
„Geht nicht. Etwas musst du noch wissen. Weshalb Brendel heute Dorothea heißt. Sie ist mit ihrem Mann, übrigens wie Müller, zum katholischen Glauben konvertiert. Verstehst du?"
„Was ist daran so schwer zu verstehen? Es sind viele jüdische Mitbürger zum Christentum übergetreten. Offensichtlich erleichtert das ihren Status in der Gesellschaft."
Am 29. September 1811 vermerkte Joseph von Eichendorff in seinem Tagebuch: „Erschöpfung manchmal von Hunger und Arbeit. Abends bei Licht immer fröhlich am Roman gedichtet." Am Januar 1812 schreibt er: „Fing ich wieder an – das Feuerzeug, Uhr, Feuer etc. auf dem Stuhl am Bett – früh um fünf Uhr aufzustehen, wo ich bis nach sieben in der ungeheizten Stube am Roman schrieb." „Ahnung und Gegenwart" gedieh:
„Mit so munteren, malerischen Kindesaugen durchflog denn auch Friedrich diese Bücher. Wenn er dazwischen dann vom Blatte aufsah, glänzte von allen Seiten der schöne Kreis der Landschaft in die Geschichten hinein, die Figuren, wie der Wind durch die Blätter des Buches rührte, erhoben sich vor ihm in der grenzenlosen, grünen Stille und traten lebendig in die schimmernde Ferne hinaus; und so war eigentlich kein Buch so schlecht erfunden, dass er es nicht erquickt und belehrt aus der Hand gelegt hätte. Und das sind die rechten Leser, die mit und über dem Buche dichten. Denn kein Dichter

gibt einen fertigen Himmel, er stellt nur die Himmelsleiter auf …"

Die mittellosen Brüder wohnten zeitweise im Stadthaus des angeheirateten Onkels Franz Joseph Graf von Wilczek in der Herrengasse 5, nicht weit von der Hofburg entfernt. Zwar konnten sie an der Tafel des Verwandten mitspeisen, doch gab es auch Zeiten, in denen Schmalhans Küchenmeister war. Um sich Bücher kaufen zu können, so schrieb Joseph am 3. September 1811 in sein Tagebuch, aßen sie „früh nämlich gar nichts. Zu Mittag Brot, Butter – im Rasierbecken – Salz und 1 Seidel Wein zusammen, bei verschlossener Türe. Zum Dessert: Loebens Briefe und mein Tagebuch von Lubowitz. Darauf immer wieder un girò – einen Spaziergang – , wobei Pflaumen und Bilderbesehen auf dem Michaelsplatze. Abends Brot, Salz und 3 Seidel Bier. Früh von 7 – 10 immer Jurisprudenz, dann bis 1 Poesie. Nachmittags von 3 – 5 und später Jurisprudenz, dann Poesie etc. Alle Sonntag splendide im Matschakerhof." Die finanzielle Lage der Brüder Eichendorff entkrampfte sich vorübergehend, als ihr Onkel Johann Friedrich von Eichendorff, Herr von Torgau und Schillersdorf, in Wien weilte, sie einlud und zum Abschied 600 Gulden schenkte.
Joseph von Eichendorff überwand schließlich seine Scheu und brachte „Ahnung und Gegenwart" mit in die Soiree.
„Wenn Sie erlauben, möchte ich mir Ihre Arbeit in Ruhe ansehen. Wollen Sie?"
Dorothea sah den Dichter erwartungsvoll an. Eichendorff willigte nach leichtem Zögern ein.
„Sie müssen mir aber auch gestatten, Verbesserungsvorschläge zu machen – falls es dazu kommen sollte. Wären Sie damit einverstanden?"
Joseph gab selbst dazu schweren Herzens seine Zustimmung.

Auch Friedrich Schlegel wollte sich des Romans annehmen, enthielt sich am Ende jedoch jeden Kommentars und machte auch keine Anstalten, die 320 Druckseiten umfassende Arbeit einem Verleger zu empfehlen. Dafür lobte seine Frau das Gesamtwerk, schlug Ergänzungen und auch Änderungen vor. Auch der einflussreiche von Loeben erbat sich das Manuskript. Der Autor hatte wegen der Kriegswirren bisher noch nicht an eine Veröffentlichung gedacht und sich auch nicht um einen Verleger bemüht. Jetzt erhielt er brauchbare Hinweise, denen er ermutigt folgte. Doch ein Bildungs- und Entwicklungsroman wurde „Ahnung und Gegenwart" nicht.

Joseph von Eichendorff wusste, dass er keine neue Stilrichtung erfand, sondern ein präziser Beobachter war, der lebendig erzählen konnte und die Ereignisse des Alltags in seine Dichtung verwob. Das romantische Lebensgefühl jener Zeit wusste er treffend einzufangen, aber auch zu karikieren. Seine Beobachtungen flossen in die Handlungen ein, er wählte lebendige Personen, um sie unter neuem Namen treffend zu beschreiben. Im Herbst 1812 war „Ahnung und Gegenwart" so weit gediehen, dass der junge Baron das Buch aus der Hand geben konnte. Den Titel hatte letztendlich Dorothea Schlegel bestimmt. Allerdings dauerte es noch bis zum Januar 1815, bis der Zeitroman bei Johann Leonhard Schrag in Nürnberg erschien. Friedrich de la Motte Fouqué schrieb das Vorwort und verwies auf die Handlungszeit des Textes – vor den Befreiungskriegen. Auf einen Satz komprimiert, handelte der Inhalt des Romans vom jungen Grafen Friedrich, der im Kampf gegen ausländische Okkupanten unterliegt, seines Besitzes verlustig geht und schließlich hinter Klostermauern Frieden findet.
Kein Zweifel, dieser Roman war für Eichendorff „ein Stück seines inneren Lebens", das er eigentlich unter seinem Pseu-

donym „Florens“ veröffentlichen wollte, aber auf Drängen Fouqués mit seinem vollen Namen zeichnete.
„Kein Dichter gibt einen fertigen Himmel, er stellt nur die Himmelsleiter auf von der schönen Erde. Wer, zu träge und unlustig, nicht den Mut verspürt, die losen, goldenen Sprossen zu besteigen, dem bleibt der geheimnisvolle Buchstabe doch ewig tot, und ein Leser, der nicht selber über dem Buche nachzudichten vermag, täte besser, an ein löbliches Handwerk zu gehen, als so mit müßigem Lesen seine Zeit zu verderben.“
Die Wiener Zeit war nach Joseph von Eichendorffs eigenem Bekunden seine glücklichste, obgleich er nur Zuschauer der überwältigenden Prachtentfaltung in den Salons war. Allerdings hatten die Eichendorffs über Loebens Bruder Ferdinand Erzherzog Karl kennengelernt; Ferdinand stand als Flügeladjutant in dessen Diensten. Und obgleich sie arme Schlucker waren, verschaffte man ihnen doch Einladungen zu den Maskenbällen in den Redoutensälen der Hofburg. Joseph wusste die Atmosphäre seiner Umgebung treffend in Reimen einzufangen:

An Philipp

Kennst du noch den Zaubersaal,
wo süß Melodien wehen,
zwischen Sternen ohne Zahl
Frauen auf und nieder gehen?

Kennst du noch den Strom von Tönen,
der sich durch die bunten Reihen schlang,
von noch unbekannten Schönen
und von fernen blauen Bergen sang?

Sieh! die lichte Pracht erneut
fröhlich sich in allen Jahren,
doch die Brüder sind zerstreut,
die dort froh beisammen waren.

Und der Blick wird irre schweifen,
einsam stehst du nun in Pracht und Scherz,
und die alten Töne greifen
dir mit tausend Schmerzen an dein Herz …

Uhren schlagen durch die Nacht,
drein verschlafne Geigen streichen,
aus dem Saale, überwacht,
sich die letzten Paare schleichen.

So ist unser Fest vergangen,
und die lust'gen Kerzen löschen aus,
doch die Sterne draußen prangen,
und die führen mich und dich nach Haus.

Anfang April 1813 verließ Joseph von Eichendorff „sein geliebtes Wien". Als Patriot fühlte er sich verpflichtet, im Befreiungskampf gegen Napoleon mitzuwirken. Da die Unterbrechung seines Aufenthaltes in der Donaumetropole und die Trennung von Bruder Wilhelm nur vorübergehend sein sollten, ließ er seine gesamten Papiere zurück. Doch er sollte Wien erst 1820 wiedersehen. Wilhelm von Eichendorff hatte klarere Vorstellungen von seiner beruflichen Laufbahn. Er strebte mit Hilfe Adam Müllers eine Beamtenstelle in Österreich an und arbeitete gewissenhaft darauf zu.

In den Befreiungskriegen

Das Leben war nicht nur Poesie, so sehr sie sein Leben beflügelte und so sehr sie immer stärker in den Mittelpunkt seines Daseins rückte. Das Leben war bittere Realität, vor allem, wenn er an die Toten der Schlachtfelder dachte. Wie viele Franzosen waren im Russlandfeldzug gescheitert, und jetzt, da sich die Völkerschlacht bei Leipzig anbahnte, standen sich wieder Tausende und Abertausende junger Männer gegenüber und kämpften für eine Sache, die ihnen die herrschenden Fürsten aufgedrängt hatten und von der sie nur wenig verstanden. Frieden wollten sie, Frieden, in Ruhe arbeiten, die Äcker bestellen, das Brot für ihre Familien verdienen. In Tirol hatten die Bauern unter Andreas Hofer den Aufstand gegen die französische und bayerische Besatzungsmacht geprobt, in Preußen hatte Ferdinand von Schill mit seinen Getreuen eine Art Partisanenkrieg gegen Napoleon geführt und war schmählich gescheitert. Das Blutopfer sollte sich nicht wiederholen.
Joseph von Eichendorff schloss sich den Lützowschen Jägern an, einem Freicorps, das in Teilen von Friedrich Ludwig Jahn, den man später „Turnvater Jahn“ nannte, angeführt wurde. Auslöser war eine patriotische Rede vor Studenten, die der Philosoph Hendryk Steffens, nach der Auflösung der Universität Halle jetzt in Breslau tätig, gehalten hatte. Aber war es nur Steffens, der den begeisterten jungen Baron überzeugte, oder war es nicht vielmehr auch die Nähe zu Luise von Larisch, die die Heimkehr bewirkte?

Die Braut

Wenn die Bäume blühn und sprossen
und die Lerche kehrt zurück,
denkt die Seele der Genossen,
fühlet fern' und nahes Glück.

Selig Weinen sel'ger Herzen!
Wenn das Herz nicht weiter will,
nicht weiß, ob es Lust, ob Schmerzen,
aber fröhlich ist und still.

Frischer sich die Hügel kränzen,
heitrer lacht das weite Blau,
alle Blumen schöner glänzen
durch des Auges süßen Tau.

Und soll denn das Lieben leiden,
und, wer leidet, krank auch sein,
auch, so will ich keine Freude,
und mag nicht gesund mehr sein!

Das Rekrutierungsbüro „Der Goldene Zepter" befand sich gleich in der Nähe. Aus taktischen Gründen und zur Tarnung zogen sich die Freischärler in das Gebiet um den Berg Zobten zurück. Eichendorff besaß nicht die Mittel, um sich ein Pferd zu leisten und sich den Lützowschen Reitern anzuschließen, so blieb er bei der Infanterie und durchquerte in kräftezehrenden Fußmärschen weite Teile des Landes bis zum Spreewald bei Berlin, ohne mit dem Feind in Berührung zu kommen. Am 12. April schrieb er noch von Breslau an Dorothea Schlegel in Wien, dem lieben Bruder Wilhelm herzliche Grüße zu sagen und sich seiner in Liebe anzuneh-

men. Eichendorff war froh, dass sich ihm Dorothea Schlegels Sohn Philipp Veit zugesellt hatte. Auf den ermüdenden Wegen hatten sie hinreichend Gelegenheit, sich über die Dichtkunst und die Malerei zu unterhalten. Bald waren sie gute Freunde.
„Ich höre, dass du einen berühmten Großvater hattest, Moses Mendelssohn, man sagt, er sei ein Philosoph und Menschenfreund gewesen, wie er im Buche steht."
„Ja, er ist unvergessen. Nicht nur seine Schriften, auch seine Lebensweise haben die Nachwelt tief berührt. Weißt du, dass er klein war und einen Buckel hatte?"
„Nein, das wusste ich nicht", erwiderte Joseph überrascht.
„Bist du überzeugt, dass Ehen im Himmel geschlossen werden?"
„Eine merkwürdige Frage, Philipp. Was soll ich dir darauf antworten?"
„Meinem Großvater träumte, dass der Himmel ihm ein bildschönes Mädchen zugedacht hatte. Intelligent, lebensfroh, aufgeschlossen. Aber zum Leidwesen meines Großvaters besaß es einen Buckel."
„Wie schrecklich."
„Ja. Aber dann bat er Gott, er möchte ihm den Buckel geben und seine Braut davon verschonen. Und so ist es offensichtlich geschehen. Moses und Frommet, so hieß meine Großmutter, wurden ein glückliches Paar."
Joseph dachte an Luise, und er nahm sich vor, sie zu ehren und zu achten wie Moses Mendelssohn seine Frau.

An Luise

Ich wollt in Liedern oft dich preisen,
die wunderstille Güte,
wie du ein halbverwildertes Gemüte

dir liebend hegst und heilst auf tausend süßen Weisen,
des Mannes Unruh und verworrnem Leben
durch Tränen lächelnd bis zum Tod ergeben.

Doch wie den Blick ich dichtend wende,
so schön in stillem Harme
sitzt du vor mir, das Kindlein auf dem Arme
im blauen Auge Treu und Frieden ohne Ende,
und alles lass ich, wenn ich dich so schaue –
ach, wen Gott lieb hat, gab er solche Fraue!

Doch die Zukunft lag nicht rosig vor dem Dichter, nicht wie die Sonnenuntergänge, die in den Gedichten so farbenprächtig aufloderten. Kam er nicht immer zu spät? Schon bei seiner Geburt hatte der voreilige Kanonenschuss seine Ankunft in dieser Welt angekündigt, als er noch im Leib seiner Mutter war. Manche Versuche in dichterischer und beruflicher Hinsicht waren ihm missglückt. Es gab zwei Dutzend Gedichte, ja mehr, die in Zeitschriften erschienen waren, viele Entwürfe und Bruchstücke, aber von einer schriftstellerischen Existenz konnte man nicht reden. Im Juli 1813 quittierte Joseph den Dienst bei den Lützowern, mit denen er nie Feindberührung hatte, und reiste über Schlesien nach Böhmen in der Hoffnung, im wiederaufgeflammten Krieg zwischen Österreich und Napoleon eine Offiziersstelle zu erhalten. Doch in Prag wurde sein Gesuch abgelehnt. Also wieder zu spät …
Was blieb ihm anderes übrig, als nach Schlesien zurückzukehren und um eine Leutnantsstelle in der Schlesischen Landwehr nachzusuchen? Sie wurde ihm gewährt. Das Frühjahr 1814 verbrachte Eichendorff nach dreimonatigem Garnisonsdienst und als Ausbilder der Landwehr in Glatz vier Monate als Offizier der Landwehrbesatzung in Thorgau, ohne eine Kriegshandlung zu erleben. Dabei sollte sein

Freund Philipp Veit in der Völkerschlacht bei Leipzig nur knapp dem Tod entgehen … Aus „Wut und Missgunst" hätte der Freiherr wohl Lust zum Dichten verspürt, allein, es blieb ohne großen Wurf, auch wenn er die Situation der Landsknechte in manchen Gedichten beschrieb.

An die Lützowschen Jäger

Wunderliche Spießgesellen,
denkt ihr noch an mich,
wie wir an der Elbe Wellen
lagern brüderlich?

Wie wir in des Spreewalds Hallen,
Schauder in der Brust,
hell die Hörner ließen schallen
so zu Schreck wie Lust?

Mancher musste da hinunter
unter den Rasen grün,
und der Krieg und Frühling munter
gingen über ihn.

Wo wir ruhen, wo wir wohnen:
Jener Waldeshort
rauscht mit seinen grünen Kronen
durch mein Leben fort.

Das Banner aufgestellt,
und die auf dem Strome der Zeiten
am Felsen vorübergleiten
sie grüßen den alten Held.

Wäre er dem im März 1813 erfolgten „Aufruf an mein Volk" des preußischen Königs Wilhelm III. nicht gefolgt und nicht zu den Waffen geeilt, vielleicht wäre die Aussicht auf ein Staatsamt in Österreich nicht illusorisch gewesen, denn der juristische Studienabschluss beider Brüder weckte berechtigte Hoffnungen darauf. Wilhelm konnte das unstete Leben des Bruders nicht nachvollziehen und beschwerte sich bei seinen Eltern: „Es ist unangenehm, dass er ein so herumschmeißendes Leben führen muss." Der Trennungsschmerz griff nach beiden Freiherren. Joseph dichtete in den Reimen „An meinen Bruder":

Steig aufwärts, Morgenstunde!
Zerreiß die Nacht, dass ich in meinem Wehe
den Himmel wiedersehe,
wie ew'ger Friede in dem blauen Grunde!
Will Licht die Welt erneuen,
mag auch der Schmerz in Tränen sich befreien.

Eine stille Trauung

Am 7. April 1815 vermählte sich Joseph von Eichendorff mit Luise von Larisch in der Kirche des hl. Vincenz in Breslau. Die „stille Trauung" fand wahrscheinlich in der barocken Hochbergkapelle statt. Außer dem Geistlichen waren sicher nur zwei Zeugen anwesend. Das junge Paar lebte in der Altstadt, in der „Hummerei", bis Joseph durch die Vermittlung von Fouqué von Gneisenau eine Anstellung als Expedient beim Kriegsministerium in Berlin mit einem Gehalt von 600 Reichstalern erhielt.
„Ich hätte dir gern eine schöne Hochzeit ausgerichtet, Luise. Doch du weißt, dass ich nicht auf Rosen gebettet bin und deine Eltern es ebenfalls nicht sind."
„Du machst ein Gesicht wie bei einer Beerdigung", lächelte Luise. „Ich bedauere sehr, dass unsere Eltern sich nicht eingefunden haben. Ist ihnen unsere Liebe denn so gleichgültig?"
„Liebe! Ach, Luiska, es kommt ihnen doch weniger auf die Liebe zwischen zwei Menschen als vielmehr auf die Reichstaler an, die zwei Familien zusammenbringen."
Erschwerend kam hinzu, dass Luise im fünften Monat schwanger war.
Die Verbindung stieß auch bei Freunden und Bekannten auf Skepsis. Die Nachricht an seinen Freund Carl Albert Schaeffer von der bevorstehenden Hochzeit ergänzte Joseph so: „Ich sehe ordentlich deinen ironischen Glückwunsch auf deinen Lippen schweben."
Luise war schön, geistreich, lebhaft und frohgelaunt. Sie wurde zu einer umsichtigen, energischen Hausfrau.
Einmal beschrieb Eichendorff eine Hochzeit in folgender Weise:

Es zog eine Hochzeit den Berg entlang,
ich hörte die Vögel schlagen,
da blitzten viel Reiter, das Waldhorn klang,
das war ein lustiges Jagen.

Und eh ich's gedacht, war alles verhallt,
die Nacht bedeckte die Runde,
nur von den Bergen noch rauschet der Wald
und mich schauert im Herzensgrunde.

Joseph von Eichendorff ließ seine junge Frau im Schutz der aus Lothringen stammenden Familie des Juristen und Rechtshistorikers Friedrich Karl von Savigny in Berlin zurück, als der Patriotismus nochmals in ihm aufwallte und er kaum drei Wochen nach der Eheschließung dem „General vorwärts", Gebhard Lebrecht von Blücher, Fürst von Wahlstatt, nachreiste, um dem von Elba geflohenen und nach Paris zurückgekehrten Napoleon endlich die Flügel zu stutzen. Durch die Übernahme einer Kompanie des Zweiten Rheinischen Landwehrregiments hoffte Eichendorff, seinen patriotischen Beitrag zur Befreiung der deutschen Lande von der napoleonischen Fremdherrschaft leisten zu können. Immerhin trat er den Posten eines Ordonanzoffiziers bei August von Gneisenau an, zog an der Seite Blüchers in Paris ein und kampierte auf der Pont Neuf.

Das Jahr 1815 war ausgefüllt mit strategischen Truppenbewegungen, aber auch der Roman „Ahnung und Gegenwart" erschien. Fouqué, der Schöpfer der „Undine", hatte seinen Beitrag dazu geleistet, und die Lieder und Flugschriften Ernst Moritz Arndts und des am 26. August 1813 in Gadebusch in Mecklenburg gefallenen Karl Theodor Körners hatten vor allem bei jungen Menschen eine nationale

Begeisterung ausgelöst. Vor seinem Tod hatte er „Ahnungsvoll“ folgendes Gedicht zu Papier gebracht:

Ahnungsgrauend, todesmutig
bricht der große Morgen an
und die Sonne, kalt und blutig
leuchtet unsrer blutgen Bahn.
In der nächsten Stunden Schoße
liegt das Schicksal einer Welt
und es zittern schon die Lose
und der ehrne Würfel fällt.
Brüder, euch mahne die dämmernde Stunde,
mahne euch ernst zu dem heiligsten Bunde
treu so zum Tod, wie zum Leben gesellt.

„Ich stand in diesem Feldzuge bei der Rheinischen Landwehr in Frankreich, gänzlich verschlagen von allen Freunden und literarischen Nachrichten aus dem Vaterlande, nur durch das Gefühl solcher Entbehrung und Aufopferung um desto inniger mit demselben verbunden“, gestand Eichendorff dem Verleger Fouqué. Joseph fühlte sich von seiner Familie schmählich im Stich gelassen. Nicht einmal sein Bruder, der jahrelange treue Gefährte, hatte ihm zur Hochzeit geschrieben. Teilte er die Meinung der Eltern? Wilhelm stieg auf der Erfolgsleiter österreichischen Beamtentums von Sprosse zu Sprosse nach oben, auch wenn es Rückschläge gab. Eine militärische Karriere konnte Joseph trotz neuerdings guter Beziehungen zur Generalität nicht einschlagen. Er entschloss sich, seinem Bruder wenigstes etwas über Luise mitzuteilen, war sich aber am Ende nicht sicher, ob er den Brief abschicken sollte.
„Du darfst meine Frau nicht mehr nach Erinnerungen aus alter Zeit beurteilen“, begann er. „Ihr Hineinleben in mich –

sie schreibt zum Beispiel, ohne dass ich daran gedacht, jetzt eine Hand, die schon häufig mit der meinigen verwechselt wurde –, großer Kummer und das gewaltsame Herausreißen aus dem heimatlichen Boden und Sauerteig haben ihre frühere und sinnlich reizende, mutwillig spielende Lebhaftigkeit in die Tiefe versenkt und in eine unendlich milde, stille, lebenskräftige Güte verwandelt …"

Ja, Joseph von Eichendorff vermisste seine Freunde, da ihm die Familie nicht wohlgesonnen war. Wie oft in angespannten Situationen griff er zur Feder, um seinen Gedanken Luft zu verschaffen. Das Gedicht „An die Freunde" ist ein Ausbruch seiner Gefühle.

An die Freunde

Der Jugend Glanz, der Sehnsucht irre Weisen,
die tausend Ströme durch das duftge Land,
es zieht uns all zu seinen Zauberkreisen. –
Wem Gottesdienst in tiefster Brust entbrannt,
der sieht mit Wehmut ein unendlich Reisen
zu ferner Heimat, die er fromm erkannt:
Und was sich spielend wob als irdsche Blume,
wölbt still den Kelch zum ernsten Heiligtume.

So schauet denn das buntbewegte Leben
ringsum von meines Gartens heitrer Zinn,
dass hoch die Bilder, die noch dämmernd schweben –
wo Morgenglanz geblendet meinen Sinn –
an eurem Blick erwachsen und sich heben.
Verwüstend rauscht die Zeit darüber hin;
In euren treuen Herzen neu geboren,
sind sie im wilden Strome unverloren.

Während Wilhelm von Eichendorff in Triest in den österreichischen Staatsdienst eintrat, hoffte Joseph auf ein ähnliches Amt in Preußen. Nach Napoleons Abdankung verließ er den Militärdienst und kehrte also in die Heimat nach Schlesien zurück. Mit welchen Zukunftsaussichten konnte er seinen Eltern unter die Augen treten? Wen interessierte denn, dass in dem Almanach „Deutscher Dichterwald“ von Kerner, Fouqué und Uhland einige seiner Gedichte erschienen? Und davon nicht alle einmal unter seinem vollen Namen, sondern unter der Kürzel „Florens“? Von der Veröffentlichung seiner Arbeiten konnte er nicht leben und beabsichtigte das auch nicht. Joseph wusste, dass er die Spannungen zwischen Beruf und Poesie immer würde aushalten müssen. Aber noch war er berufslos. „Das Spiel der Poesie genügt mir nicht. Gott, lass mich was Rechtes vollbringen“, hatte er bereits während seiner Berliner Studienzeit angemerkt. „Denn die Poesie, die nicht aufs Ganze Bezug hat, ist ein leeres Spiel.“
Nein, er hielt es in Lubowitz nicht aus. Die bohrenden Blicke der Eltern, die unausgesprochene Frage: Was wird nun endlich mit dir? Die einst so oft gepriesene Schönheit von Schloss und Park, vom geliebten „Hasengang“ und dem rauschenden Wald vermochte diesmal nicht zu trösten. Mit der Mutter konnte er ja noch reden, auch wenn sie ihm manchmal in den Ohren lag mit Ratschlägen wie: „Nur ein Wunder kann uns noch retten, Joseph. Hättest du unter den Schönen Schlesiens eine andere Frau mit reicher Mitgift ausgesucht, wären wir jetzt über den Berg. Wir wollen doch alle eines Tages nicht am Hungertuch nagen.“
Solche Worte liebte Joseph nicht. Er wollte für die Fehler seines Vaters nicht einstehen müssen.
„Seine ewigen Spekulationsgeschäfte treiben uns in den Ruin. Soll ich dafür büßen? Und hätte ich möglicherweise eine Frau heiraten sollen, die ich nicht mag?“

„Still, Joseph, kein abfälliges Wort über deinen Vater. Das steht dir nicht zu."
Die Stimme der Mutter konnte schneidend werden, wenn es um die wirtschaftliche Lage der Lubowitzer Güter und die Misswirtschaft ihres Mannes ging. Sie verurteilte sie zwar ebenso wie Joseph, konnte dem Sohn jedoch nicht zubilligen, so hart über seinen Vater zu urteilen.
„Und Wilhelm? Was ist mit ihm? Soll er keine reiche Frau heimführen? Warum wird das Ansinnen nicht auch an ihn gestellt?"
„Wilhelm ist weit. Er hat gerade in Österreich Fuß gefasst. Weiß Gott, ob er jemals wieder zurückkehrt."
Adolf von Eichendorff ging seinem Sohn aus dem Weg. Nur bei Tisch trafen sie zusammen, die Unterhaltung beschränkte sich auf den Austausch weniger Artigkeiten. Dann verschwand er wieder in der Bibliothek hinter seinen Aktenbergen.
Joseph fuhr nach Berlin. Dort wollte er um eine Anstellung im preußischen Staatsdienst nachsuchen. Doch er wurde abgewiesen. Was nutzte es ihm, dass er mit E.T.A. Hoffmann, Adalbert von Chamisso, Hitzig und den Familien Savigny und Mendelssohn verkehrte? Aus der preußischen Hauptstadt schrieb er an seinen Freund Philipp Veit: „Ich weiß nicht, welche Zauberei dort ist, aber ich werde mein Heimweh nach Wien nicht los und kann mich hier in Berlin noch immer in nichts finden … Es ist und bleibt mir hier alles fremd: Religion, politische Gesinnung, ja selbst die allgemeine Fertigkeit, über Kunst und Wissenschaft zu sprechen, erschreckt und stört mich mehr, als es mich erfreut, denn es scheint mir wenig Liebe darin zu sein …" Philipp Veit hatte seiner Mutter Dorothea am 29. September 1813 geschrieben: „Die beiden kenne ich als so eingewienert, dass sie schwerlich woanders fröhlichen Herzens sein könnten."

Ein steiniger Weg

Enttäuschungen, nichts als Enttäuschungen. Joseph von Eichendorff empfand sich als ewig zu spät kommender Bewerber, wo immer er sich um eine Anstellung bemühte. Der preußische Reformer August von Gneisenau hatte zwar Wort gehalten und ihm vorübergehend eine Stelle als Expedient im preußischen Kriegsministerium verschafft. Die 600 Reichstaler Jahresgehalt waren ein ersehntes, aber dürftiges Fundament für die junge Ehe. Am 30. August 1915, in Abwesenheit seines Vaters, wurde Hermann von Eichendorff, das erste von fünf Kindern, geboren; zwei weitere Kinder starben im Säuglingsalter. Doch die jetzige berufliche Position war keine Basis auf Dauer. Eichendorff strebte eine feste juristische Anstellung an, und dazu bedurfte es einer festen Einbindung in den starren preußischen Beamtenapparat. Die Hürden dazu zu überwinden erwiesen sich mehr als schwierig. Im Stillen galt Josephs Sehnsucht jedoch dem geliebten Wien. Philipp Veits Vater, dem Bankkaufmann, war eine Vermittlerrolle zugedacht. „Sollte Herr von Schlegel vielleicht bei dem jetzigen Zusammenfluss von hohen Personen oder durch Bartholdy etc. irgend eine noch so geringe Anstellung in Wien für mich finden, so bitte ich ihn herzlich, mich nicht zu vergessen, und ich fliege mit unbeschreiblicher Freude in mein liebes altes Österreich zurück."

Während Bruder Wilhelm eine frei werdende Beamtenstelle in Triest in Aussicht gestellt bekam und Jahre später einen Posten in Innsbruck antrat, stand Joseph vor einem schier unüberwindlichen Berg. Sollte er das Ziel einer juristischen Beamtenkarriere weiter verfolgen, musste er damit rechnen, das eineinhalbjährige Referendariat nicht vergütet zu bekommen und auch die Assessorenstelle ohne Gehalt antreten zu müssen. Eine solche Voraussetzung war für die junge Familie nicht akzeptabel. Der Familienvorstand trat deshalb an den einflussreichen Ministerialbeamten und späteren Minister Friedrich Eichhorn heran: „Da ich verheiratet und Vater bin, und weil mein Vermögen durchaus nicht hinreicht, um mit meiner Familie noch längere Zeit auf eigene Kosten zu leben, so ist es mir unmöglich, nunmehr in die gewöhnliche juristische Laufbahn einzutreten und vielleicht jahrelang ohne Gehalt zu arbeiten." Es genügte in Preußen nicht, Angehöriger eines Adelsgeschlechtes zu sein, es gehörte auch ein ansehnliches Vermögen dazu, wollte man auf der Karriereleiter der Beamtenschaft aufsteigen. So scheiterte auch dieser Versuch, beruflich endlich Fuß zu fassen.

Sollte er sein Glück in der Heimat, in Schlesien, versuchen? Erst einmal nach Hause! Anfang 1816 kehrte Eichendorff dem von ihm als feindlich empfundenen Berlin den Rücken und fuhr mit seiner Frau Luise nach Pogrzebin, zum Wohnsitz seiner Schwiegereltern. Nach Lubowitz zog es ihn diesmal nicht. Er kam sich unerwünscht vor, weil er immer noch keine sichere Existenz vorweisen konnte, auch wenn er sich darin vielleicht irrte, denn ein erstes Enkelkind stimmt wohl alle distanzierten Eltern versöhnlich. So kamen zunächst einzig die Schwiegereltern in den Genuss, den kleinen Hermann verwöhnen zu dürfen.

Im Juni schickte Joseph seine Bewerbung um eine Referendarstelle bei der Breslauer Regierung ab und bereitete sich mit begrenztem Eifer und streckenweise lustlos auf die juristische Zulassungsprüfung vor. Diesmal war das Glück ihm hold. Nachdem er die Examina am 19. Dezember bestanden hatte, leistete er zwei Wochen darauf den Diensteid auf Kö-

nig Friedrich Wilhelm III. In einem Brief an einen Bekannten hatte er im Juli noch geschrieben: „Ich glaube im Grunde, ich habe einen dummen Streich gemacht, der leicht mit meinem Durchfallen in der nicht leichten Prüfung garstig enden kann. Denn ich habe wenig Zeit, wenig Lust, wenig Kenntnisse, wenig Geld, wenig Protektion, wenig conaissances, liaisons, savoir vivre und andern solchen Teufelsdreck, und wenn mich meine brave Frau nicht noch stark, frisch und frei erhielt, wär` ich längst schon fortgelaufen."
Ja, manchmal war es zum Davonlaufen. Als Referendar bei der Breslauer Regierung ohne Gehalt zu arbeiten, konnte kein erklärtes Ziel sein. Die Hoffnung, Savigny könne ihm eine Professur für Geschichte an einer der Rheinischen Universitäten verschaffen, zerplatzte wie eine Seifenblase. Und auch der Wunsch, Landrat im Kreis Rybnik zu werden, ließ sich nicht erfüllen.

Was beruflich nicht wie erwartet gelingen wollte, nahm jedoch literarisch Gestalt an. Eichendorff arbeitete wie ein Besessener, sodass Luise ihn manchmal mit beschwörenden Worten vom Schreibtisch aufscheuchen musste.
„Es ist genug für heute, Joseph. Die Uhr hat bereits Mitternacht geschlagen. Wenn du dieses Arbeitspensum einhältst, wird es mit deiner Gesundheit ein schlimmes Ende nehmen."
„So lange die Tinte so ebenmäßig fließt, möchte ich ihren Lauf nicht unterbrechen, Luiska. Allem beruflichen Twist zum Trotz, habe ich seit einigen Tagen eine Glückssträhne."
„Ich ahne es. Ich sehe es deinem zufriedenen Gesicht an."
„Ja. Meine Novelle ‚Das Marmorbild' ist in Kürze fertig. Auch schwebt mir eine Satire vor."
„Eine Satire?" Luise blickte ihren Mann ungläubig an. „Ich entdecke ja ganz neue Seiten an dir."
„Ich an mir auch, meine Liebe. Ich möchte sie ‚Krieg den

Philistern' nennen. Und dann habe ich vor, meine Sehnsucht nach Italien zu schicken in Form lustiger und wandernder Gesellen. Ich selbst habe ja nicht das Geld und werde es wohl auch nie haben, um persönlich über die Alpen nach Arkadien zu reisen – so wie Goethe. Philipp Veit schreibt so herrliche Briefe aus Rom, er gibt meiner Sehnsucht Flügel."

Luise schwieg einen Augenblick und sah gedankenversunken in den Garten hinaus. „Weißt du schon, welchen Titel du dieser Geschichte geben möchtest?", fragte sie dann leise.

„Aus dem Leben eines Taugenichts." Die Antwort schoss aus Joseph heraus, als hätte er nur darauf gewartet, dass er danach gefragt würde.

Luise gefiel diese Idee. „Du wirst sehen, du gehst deinen Weg, Joseph. Ich vertraue dir und glaube an dich."

Joseph löschte den Docht der Lampe. Augenblicklich breitete sich die Dunkelheit aus und das bleiche Licht des Mondes drang durch die wehenden Vorhänge ins Zimmer.

„Ich bekam Nachricht von Wilhelm, meinem Bruder", sagte Joseph von Eichendorff in die Stille der Nacht. „Er ist auf dem Weg nach Lubowitz, und ich habe die Absicht, ihn zu besuchen. Ein Wiedersehen mit ihm wird uns allen guttun."

Bei ihrem Wiedersehen hatten sich die Brüder vieles zu sagen. Es war, als kämen sie aus zwei einander fernen Welten, und doch waren sie nach einer Weile wieder in der einen vereint: in der Heimat. Nächtelang erzählten sie von ihren Erlebnissen. Wilhelm konnte von vielen Erfolgen berichten. Beruflich hatte er keine Klagen, obgleich es natürlich immer etwas gab, das verbesserungswürdig war. Als er merkte, dass sein Bruder immer kleinlauter und schweigsamer wurde, denn Joseph konnte mit beruflichen Erfolgsmeldungen kaum aufwarten, wechselte er geschickt das Thema und kam auf die Literatur zu sprechen. Jetzt taute der Bruder auf.

„Ich habe gehört, dass du dir mit deinen Veröffentlichungen inzwischen einen guten Ruf erworben hast“, lobte Wilhelm. „Ich denke, du bist auf einem guten Weg.“
„Den Weg des Almosenempfängers, jawohl, den habe ich wohl eingeschlagen. Die Literatur ist leider kein Broterwerb, von dem man leben, geschweige eine Familie ernähren kann.“
„Ich würde mich freuen, du würdest mir eine deiner letzten Arbeiten zeigen“, bat der Bruder.
„Wirklich? Interessiert dich wahrhaftig, was ich schreibe?“
„Aber natürlich. Ich habe mich doch immer dafür interessiert, auch wenn ich mich wenig dazu geäußert habe.“
„Und ich dachte, ich stünde mit meinen Geschichten und Gedichten in der Familie auf verlorenem Posten.“
Joseph zog ein Manuskript aus der Kladde, die oben auf seinem Gepäck lag. Wilhelm zündete sich derweil eine Pfeife an und lehnte sich im Sessel zurück.
„Der Mond, der eben über die Gipfel trat, beleuchtete scharf ein marmornes Venusbild, das dort dicht am Ufer auf einem Steine stand, als wäre die Göttin soeben erst aus den Wellen aufgetaucht und betrachte nun, selbst verzaubert, das Bild der eigenen Schönheit, das der trunkene Wasserspiegel zwischen den leise aus dem Grunde aufgeblühten Sternen widerstrahlte …“ Joseph las. Nach einer Weile legte er das Manuskript zur Seite und blickte seinen Bruder fragend an. Wilhelm hatte die Augen geschlossen.
„Schläfst du?“
„Wie kann ich bei diesem Text schlafen. Ich lasse deine Worte auf mich wirken, Seppel.“
„Nun, was hältst du davon?“, fragte Joseph erwartungsvoll.
Der Bruder, der inzwischen an die nüchterne Behördensprache gewohnt war, schürzte die Lippen. „Schwer zu sagen, Seppel“, erwiderte er. „Sehr poetisch. Überaus versponnen,

mystisch, bild- und symbolreich. Bei Goethe würdest du dennoch wahrscheinlich ein Stirnrunzeln hervorrufen."
Josephs Antwort klang fest. „Ich schreibe nicht wie Goethe und bin auf sein Wohlwollen nicht angewiesen."
„Die halbe literarische Welt misst nun mal alles, was je aus einer Feder kommt, zum Beispiel an seinen ‚Wilhelm Meisters Lehrjahren'."
„Goethe! Goethe! Ich habe Novalis' ‚Heinrich von Ofterdingen' studiert und bei ihm manche Anregung gefunden."
„Dennoch liebäugelt mancher, der etwas auf sich hält, ich meine, der sich in diesem Literaturbetrieb durchsetzen will, mit einem anerkennenden Wort des großen Meisters."
Joseph lachte frech. „Und du meinst also, er würde es mir verweigern?"
„Hast du es denn nötig, das anerkennende Wort?", fragte Wilhelm gedehnt und stopfte sich von neuem die Pfeife. „Bedenke, Goethe ist der Souverän der Klassik. Das ist seine große Zeit. Die Klassik ist im Abklingen, ich will nicht sagen: im Schwinden. Die neue Richtung ist die Romantik, sie ist recht etabliert, denke nur an ihre Vertreter in Jena und Heidelberg. Und ich könnte mir denken, dass du da gut hineinpasst. Wer weiß, vielleicht wirst du gar einer ihrer großen Vertreter."
Eine Weile war es still. Man hörte nur Josephs schweren Atem und das Schlagen der Finken vor dem geöffneten Fenster.
„Nun finde ich dich sprachlos, lieber Bruder. Warum antwortest du nicht?"
„Du hast offenbar große Erwartungen in mich, Wilhelm."
„Mit dem ‚Marmorbild' setzt du neue Akzente. Das steht ohne Zweifel fest. Es wird sicher noch eine Weile dauern, bis die Leser begreifen, dass du dich der Symbole bedienst und real lebenden Personen eine neue, eine übergeordnete Identität gibst."

Joseph sprang auf, eilte auf seinen Bruder zu und schlug ihm kräftig auf die Schulter. Wilhelm begann zu hüsteln.
„Nicht so stürmisch, mein Lieber. Nicht so stürmisch!"
„Du verstehst mich ja, Bruder. Du verstehst mich totaliter!"
Wilhelm hob abwehrend die Hände. „Ich bin kein Literat wie du, Seppel. Aber meine Meinung ist: Du hast wirklich Talent. An deine blumenreiche und naturverbundene Sprache muss man sich freilich erst gewöhnen. – Und dennoch muss ich einschränkend etwas sagen."
„Was meinst du?"
„Nun, deine wirkliche Stärke, glaube ich, ist der Vers, der Reim. Du hast inzwischen wunderbare Gedichte geschrieben, die die Seele eines Menschen wirklich anrühren können. Die Veröffentlichungen geben dir recht. Darin liegt deine wirkliche Begabung, Seppel, im Gedicht."
Joseph schwieg, als müsste er die Worte des Bruders erst auf sich wirken lassen.
Wilhelm stand auf, trat ans Fenster und blickte hinaus. Noch gehörte der Familie das Schloss, der Wald, der schöne Park. Aber die Gläubiger schlichen bereits ums Haus.
Wilhelm von Eichendorff wandte sich wieder seinem Bruder zu.
„Seppel, du hast die Fähigkeit, das Empfinden vor allem jener Leute zu treffen, die so fühlen wie du, sich aber nicht ausdrücken können. Ihre geistige Heimat sind die Volkslieder, die sie gern singen. Genau diesen Ton triffst auch du. Deine Gedichte sind Lieder, die man singen könnte. Es sollte mich nicht wundern, wenn sie eines Tages vertont werden."
Joseph machte eine abwehrende Handbewegung. „Jetzt übertreibst du aber gewaltig, Bruderherz. Ich gebe zu, ich bin froh, wenn von Zeit zu Zeit ein Gedichtzyklus von mir in den Gazetten erscheint. Ich habe auch die Hoffnung, dass ‚Das Marmorbild' in absehbarer Zeit veröffentlicht wird.

Fouqué hat um die Zusendung gebeten. Ich habe so manche Pläne. Aber mit größerer Resonanz, mein lieber Bruder, mit größerer Resonanz rechne ich eigentlich nicht."
Im Anschluss an das Treffen mit seinem Bruder in der Heimat konzipierte Joseph von Eichendorff eine Erzählung, die er „Das Wiedersehen" nennen wollte.

Im Jahr 1818 ging der Todesengel um. Am 27. April starb Adolf von Eichendorff. Nach dem Tod des Vaters ging für seine Familie die Ära Lubowitz zu Ende. Das Schloss zu erhalten, solange die Mutter noch dort lebte, war das heilige Bestreben der Brüder. Was blieb noch von dem einst beträchtlichen Vermögen? Das Gut Sedlnitz, das den Gläubigern nicht in die Hände fiel, weil es wenige Kilometer südlich von Mährisch Ostrau und damit auf österreichischem Territorium lag. Man sprach von der Landschaft auch liebevoll als dem „Kuhländchen". Joseph wurde nun wie sein Bruder Wilhelm und sein Onkel Vinzenz und Rudolf von Eichendorff mit der Güterverwaltung beauftragt, wozu auch die Abwicklung der Verbindlichkeiten gegenüber Dritten gehörte. Die Gewinnspanne war gering. Die Brüder gingen keine Risiken ein wie ihr Vater, sondern praktizierten eine schonende und nachhaltige Bewirtschaftung. Viel zu gern flüchtete Joseph in die Dichtung. Hier war die Welt noch heil. Die heitere Taugenichts-Erzählung nahm Gestalt an.

Welche Freude, als „Das Marmorbild" im September 1818 in Fouqués „Frauentaschenbuch" erschien! Und welches Herzklopfen, als Joseph von Eichendorff im Dezember zum „großen Examen" zugelassen wurde, das als Zugang zur Beamtenlaufbahn des preußischen Staatsdienstes galt. Aber eine Zulassung bedeutete noch nicht eine feste Terminvergabe für das Examen selbst. Wochen unsteten Wartens vergingen.

Das neue Jahr begann. Am 19. April kam Josephs zweiter Sohn Rudolf Joseph Julius zur Welt. Dann endlich, am 16. Oktober 1819, nach einer ausführlichen Examina-Tortur die befreiende Nachricht: Joseph von Eichendorff war Assessor in preußischen Diensten – jedoch ohne Diäten und Gehalt. Breslau schrieb für die Beamtenlaufbahn verschiedene Ausbildungsgänge vor, die keineswegs allein juristische Anforderungen an den Freiherrn stellten. Ordnungs-, Sicherheits-, Polizei- und Finanzwesen, Forst-, Domänen- und Staatswissenschaft sowie andere Disziplinen warteten auf den Kandidaten, der sich als Katholik im überwiegend protestantischen Staat schon bald mit einem brisanten Thema auseinandersetzen musste: „Welche Nachteile und Vorteile hat der katholische Religionsanteil in Deutschland von der Aufhebung der Landeshoheit der Bischöfe und Äbte, desgleichen von der Entziehung des Stifts- und Klosterguts mit Wahrscheinlichkeit zu erwarten?“ Diese Frage, ein folgenschwerer Schritt der Säkularisation, war nicht nur juristisch zu beantworten, sie erforderte Diplomatie, Geschick, Fachwissen, unabhängige Urteilsfähigkeit. Konkret betroffen waren auch verschiedene Klöster in der Magdeburger Börde, so das Zisterzienserinnenkloster Althaldensleben oder die Benediktinerabtei Groß-Ammensleben. Als preußischer Beamter war Eichendorff später aber auch an der Neugründung von Frauenklöstern beteiligt. Wie Eichendorff die Sache auch anging, wie er sie analysierte, beurteilte, welche Konsequenzen sie forderte, die Summe seiner Untersuchungen ließ den aus Münster stammenden, für Schul- und Kirchenangelegenheiten der katholischen Minderheit in Preußen zuständigen Kirchenrechtler und Juristen Johann Heinrich Schmedding zu der Einschätzung kommen, dass der Aspirant ein „rühmliches Zeugnis“ abgelegt habe und „zu den angenehmsten Erwartungen betreff künftiger Leistungen“ berechtige. Durch Schmedding

wurde der Reformer Karl Friedrich Freiherr von Stein zum Altenstein auf Eichendorff aufmerksam. Er war der erste preußische Minister für geistliche-, Unterrichts- und Medizinalangelegenheiten im neuen Berliner Kultusministerium. Eichendorff, inzwischen also unbezahlter Assessor in Breslau, sollte Aufgaben übernehmen, die mit dem Amt eines katholischen Konsistorial- und Schulrates beim Königlichen Oberpräsidium als auch beim Konsistorium der Provinz Westpreußen verbunden waren und die Kirchen- und Schulangelegenheiten dieser Konfession betrafen. Sitz des neuen Amtes war Danzig.
Ein Vierteljahr später genehmigte der König Eichendorffs Anstellung in Danzig. Sein neuer Dienstherr war Oberpräsident Theodor von Schön, ein Mann mit eigenem Kopf, der den Konflikt mit Berlin nicht scheute, in Eichendorff aber einen jovialen und verlässlichen Mitarbeiter fand und dieses Vertrauen stets freundschaftlich erwiderte. Schön hatte mit Napoleon vor dessen Russlandfeldzug einen heftigen Disput über die Abstammung der Preußen geführt, die der Okkupant gern den Slawen zugeordnet hätte, dem Schön jedoch vehement widersprach.
Also wieder umziehen? Eine Bewerbung um die Landratsstelle im Kreis Pleß in Oberschlesien war fehlgeschlagen. Hätte Eichendorff sie bekommen, wenn er evangelischer Konfession gewesen wäre? Immerhin erwarteten ihn in Danzig zwei Reichstaler pro Tag. Sich selbst mochte er den Umzug wohl zutrauen, aber durfte er ihn auch der schwangeren Luise zumuten? Am 6. Januar 1821 erblickte Agnes Klara das Licht der Welt. Doch zuvor kam Joseph in Wien noch einmal mit seinem Bruder Wilhelm zusammen.

An meinen Bruder

Was Großes sich begeben,
der Kön'ge Herrlichkeit,
du sahst mit freud'gem Beben,
dir war's vergönnt, zu leben
in dieser Wunderzeit.

Und über diese Wogen
kam hoch ein himmlisch Bild
durchs stille Blau gezogen,
traf mit dem Zauberbogen
dein Herz so fest und mild.

O wunderbares Grauen,
zur selben Stund den Herrn
im Wetterleuchten schauen,
und über den stummen Gauen
schuldloser Liebe Stern!

Und hat nun ausgerungen
mein Deutschland siegeswund:
Was damals Lieb gesungen,
was Schwerter dir geklungen,
klingt fort im Herzensgrund.

Lass bilden die Gewalten!
Was davon himmlisch war,
kann nimmermehr veralten,
wird in der Brust gestalten
sich manches stille Jahr.

Die Fesseln müssen springen,
ja, endlich macht sich's frei,
und Großes wird gelingen
durch Taten oder Singen,
vor Gott ist's einerlei.

Danzig und Königsberg: Das große Tretrad

Die Übersiedlung nach Danzig bedeutete einen großen Schritt für die junge Familie. Joseph wurde am 1. Mai 1821 in seine Amtsgeschäfte eingeführt und wenig später auch mit Aufgaben an seinem zweiten Dienstort Marienwerder betraut. Sie erforderten eine angestrengte Reisetätigkeit. Die Familie wohnte in Danzig und zog in den Sommermonaten nach Gut Silberhammer um, in ein Haus des Grafen Fabian von Dohna. Kant-Schüler Oberpräsident von Schön wusste, dass der Katholik Eichendorff in der preußischen Domäne kein leichtes Amt haben würde, aber er, der Protestant und Querdenker, der seine eigene Politik verfolgte und sich mit Berlin, ja, selbst mit dem König, anlegte, stattete ihn trotz mancher kontroverser Beurteilungen und Ansichten in der Sache mit nur allen erdenklichen Vollmachten und Freiheiten aus. Die Ernennung zum Regierungsrat kündigte Schön seinem ergebenen Mitarbeiter am 2. Oktober so an: „Es gewährt mir viel Freude, Euer Hochwohlgeboren ergebenst benachrichtigen zu können, dass des Königs Majestät mittels Allerhöchster Kabinettsordre vom 5. Mai v. M. allergnädigst geruht haben, Euer Hochwohlgeboren bei dem Oberpräsidio und der Kirchen- und Schulkommission hierselbst zu ernennen."

Theodor von Schön hatte Eichendorffs finanzielle Situation dem Minister Altenstein unmissverständlich und deutlich geschildert: „Seine häusliche Lage ist sehr beschränkt. Ich kann pflichtgemäß versichern, dass er bei seinen Verhältnis-

sen als Familienvater mit den ihm bewilligten Diäten von zwei Reichstalern an diesem so überaus teuren Ort nicht auszukommen vermag und dass er sich deshalb in dringender Gelegenheit findet." Immerhin stand Eichendorff von jetzt an mit 1200 Reichstalern jährlich auf der Gehaltsskala.
In die Freude über die Auszeichnung fiel ein schmaler, dunkler Schatten. „Mir lässt mein Amt jetzt leider nicht viel Muße zum Dichten", hieß es in einem Brief an einen Bekannten, aber zugleich tröstete sich Eichendorff: „Doch die Zeit gibt immer mehr Fertigkeit, und die größere Fertigkeit dann wieder mehr Zeit, und so hoffe ich mich wohl noch leidlich einzurichten."
Von Bruder Wilhelm hatte er lange nichts gehört. Am 1. Mai 1821 hatte der die elf Jahre jüngere Julie Fischnaller aus exzellenten bürgerlichen Kreisen Tirols geheiratet. Die Ehe war glücklich, wenn auch kinderlos.

Der Isegrim

Aktenstöße, nachts verschlingen,
schwatzen nach der Welt Gebrauch,
und das große Tretrad schwingen
wie ein Ochs, das kann ich auch.

Aber glauben, dass der Plunder
eben nicht der Plunder wär',
sondern ein hochwichtig Wunder,
das gelang mir nimmermehr.

Aber andre überwitzen,
dass ich mit dem Federkiel
könnt den morschen Weltbau stützen,
schien mir immer Narrenspiel.

Und so weil ich in dem Drehen
da steh oft wie ein Pasquill,
lässt die Welt mich eben stehen –
mag sie's halten, wie sie will!

Theodor von Schön legte das Blatt aus den Händen. Einen Augenblick blickte er vor sich hin, dann brach er in dröhnendes Gelächter aus.

„Ich habe selten ein so schönes Pamphlet gelesen, Eichendorff, das das eigene Metier auf den Arm nimmt."

„O, Herr Oberpräsident, es ist kein Pamphlet, sondern eine sachliche Quintessenz meiner Erfahrung. Was ich niedergeschrieben habe, habe ich erlebt und erlebe es täglich neu."

„Sehr offen, mein Lieber, sehr ehrlich. Allerdings ist es nicht für jedermanns Hände bestimmt. Und mit Jedermann meine ich die strengen Vertreter der preußischen Beamtenschaft. Sie rühren hier an den Fundamenten eines jahrzehnte-, besser jahrhundertealten Selbstverständnisses."

„Wüsste ich den Text bei Ihnen nicht in besten Händen, ich würde ihn Ihnen nicht anvertraut haben."

„Ich weiß, Eichendorff. Ihr Vertrauen ehrt mich. Ja, auch ich habe Ihnen immer vertraut, auch wenn meine Ansichten in vielen Dingen nicht mit den Ihren übereinstimmten oder Sie sich mit meiner Meinung nicht anfreunden konnten."

Wie lange arbeiteten sie jetzt schon zusammen? Der strenge, oft im Streit mit der vorgesetzten Behörde vor Ort oder in Berlin lebende Schön und der auf der unteren Sprosse der preußischen Beamtenlaufbahn verharrende Regierungsrat von Eichendorff? Sie schätzten sich, sie konnten sich aufeinander verlassen. Wie oft hatte Eichendorff die aggressiven und provozierenden Textstellen in den Schönschen Dokumenten so dezent geglättet, dass sie die Hürden in den Berliner Behördenstellen ohne Stirnrunzeln passierten. Die Konflikte im nun vereinten Ost- und Westpreußen waren vorprogrammiert, vor allem, was die Spannungen zwischen den Konfessionen betraf. Diese kleine, unbedeutende Diasporakirche der Katholiken im Ermland versuchte doch mit aller Kraft, ihre Stellung zu stärken und Gesetzeslücken zu ihrem Vorteil auszunutzen. Der Oberhirte, Fürstbischof Joseph Prinz von Hohenzollern, wehrte sich nach Kräften gegen die eigenwillige Kirchenpolitik des Oberpräsidenten Theodor von Schön und versuchte, Joseph von Eichendorff auf seine Seite zu ziehen und für die katholischen Belange einzuspannen, zum Beispiel, als es um die „Errichtung eines katholischen Pfarrsystems in Marienwerder" ging. „Wie Ihr edles, frommes Herz für Gottes Sache glüht, wie gern Sie in der Erweiterung des Reiches Jesu arbeiten, ist mir ja sattsam bekannt", lobte der Bischof.

Es war überall in Preußen nach der Säkularisation zu schwierigen Situationen gekommen. Den Verlust der Kirchengüter nach der Aufhebung bedeutender Klöster konnte die katholische Kirche nur schwer verkraften, auch wenn Eichendorff einmal kritisch eine „außerordentliche Rohheit des Klerus" konstatieren musste und von einigen Klöstern als „barbarische Schlupfwinkel der Trägheit und Unwissenheit" sprach. Er ahnte, dass sich der Konflikt zwischen Staat und katholischer Kirche in den Folgejahren zuspitzen würde.

„Herr von Eichendorff ist einer der geist- und gemütvollsten Menschen, die ich kenne, dabei ein treuer, eifriger katholischer Christ und ein ausgezeichneter Dichter, er ist mein Freund und mein bester Umgang allhier, er hat mir bei der Regierung schon manches glücklich durchfechten helfen", urteilte Schön über seinen Mitarbeiter in einem Brief an den Braunsberger Gymnasialdirektor Heinrich Schmülling. Schön stand in der Erbfolge des Reichsfreiherrn vom und zum Stein und wehrte sich gegen die Restauration in Preußen.

Belobigungen, literarische und berufliche Erfolge und Schicksalsschläge – wie reich das Leben des Joseph von Eichendorff doch war! Die Vereinigung von West- und Ostpreußen zu einer Provinz bedeutete Umzug, denn neuer Regierungssitz war Königsberg. Bevor es zur Abreise aus Danzig kam, trafen noch zwei schwere Verluste den Beamten und Dichter. Am 15. April 1822 musste Joseph den Tod der Mutter und damit den Verlust von Lubowitz ertragen, denn jetzt schlug die Faust der Gläubiger unbarmherzig zu. Dann starb im selben Monat sein Töchterchen Agnes Clara; es war kaum ein Jahr alt geworden.

Was muss mit einem Menschen geschehen, bis er die Last des Schicksals tragen kann? Die Frage schien Joseph nicht beantworten zu können. Er hörte von ähnlichen, ja, noch bedrückenderen Todesfällen, wo gleich mehrere Kinder ihren Familien durch die wütende Cholera oder den heimtückischen Typhus entrissen worden waren, aber sich mit dem noch größeren Leid anderer zu trösten, war unmöglich. Ein Kind herzugeben war für Eltern, als wenn ihnen das Herz aus dem Leib gerissen würde. Luise erstarrte im Schweigen, nachdem der Tränenstrom versiegt war. Und Joseph fand keine Worte, um dieses Schweigen aufzubrechen. Seine Versuche gingen in ein hoffnungsloses Stammeln über. Es gab keinen Trost, der stark genug gewesen wäre, um einen Hoffnungsschimmer in Luises Seele aufleuchten zu lassen. Und er selbst schien an diesem doppelten Leid zu ersticken. Die Feder blieb unbenutzt, das Papier unbeschrieben, nur ein paar Stoßgebete entrangen sich, wenn er allein war, seiner Brust, und die Frage nach dem „Warum" begleitete ihn bis in die tiefen Stunden der Nacht.

Der preußische Kronprinz Friedrich Wilhelm kam ins Marienburger Schloss, das nach der Restaurierung ja ein Symbol für Preußens Stärke werden sollte. Eichendorff, mit der Aufsicht über die Arbeiten beauftragt, schrieb das Gedicht „Der

Liedsprecher", behielt auf Anregung Schöns aber zugleich die Geschichte der früheren Ordensburg im Blick, denn der Oberpräsident ermunterte seinen geschätzten Dichterbeamten zu einem Trauerspiel mit dem Titel „Der letzte Held von Marienburg" – es erreichte später nicht mehr als einen Achtungserfolg. In dieser Tragödie ging es um den Konflikt des edlen Großkomturs Heinrich von Plauen mit seinem Orden. Aber auch „Ezelin Romano", die gleichnamige, wichtige, unversöhnliche und gewaltbereite Gestalt aus der Zeit der Hohenstaufen-Kaiser, ließ er an ihrem Einigungswerk zugrunde gehen.
Dann rief Berlin. Es war nur ein kurzer Aufenthalt, die Vertretung eines erkrankten Rates, doch im Hause Adalbert von Chamissos lernte der Baron den seiner Breslauer Professur verlustig gegangenen Hoffmann von Fallersleben kennen, dem seine „politischen Lieder" zum Verhängnis geworden waren. Einige Szenen aus der dramatischen Satire „Krieg den Philistern" erschienen in den „Deutschen Blättern für Poesie und Literatur, Kunst und Theater", und auch „Aus dem Leben eines Taugenichts", an dem Eichendorff immer wieder schrieb und änderte, fand er mit einem Kapitel abgedruckt.

Wieder ein Ortswechsel. Nach Danzig nun Königsberg. Im Jahr 1824, am 23. September mit beginnendem Herbst, zogen Joseph und Luise von Eichendorff und ihre Kinder mit Dienstboten und Hausrat in die neue Hauptstadt Ostpreußens um. Immerhin stieg das Beamtengehalt um 300 Reichstaler.
„Ich bin dir so dankbar, Luise, dass du so fügsam in die Pläne der Regierung einwilligst, der es offenbar daran gelegen ist, mich mal hierhin, mal dorthin zu schicken."
„Heißt nicht das Sprichwort: Wes Brot ich ess, des Lied ich sing, lieber Joseph? Wenn der Staat meint, dass du in Königsberg am rechten Ort bist, so sei ´s. Ich will mich nicht quer-

stellen und dir das Leben schwer machen. Du weißt, mein Platz ist an deiner Seite."
Für solche Treuebekenntnisse war Eichendorff seiner Frau überaus dankbar. Er wusste, dass es wenig nützen würde, gegen Regierungsbeschlüsse zu opponieren. Als Katholik konnte er sich ohnehin nicht gegen den mächtigen Staatsapparat auflehnen. Andererseits wusste er, dass er der katholischen Sache als Oberpräsidialrat bei der Neuordnung der Pfarreien und Bistumsgrenzen, bei Fragen zur Priesterausbildung, der Zivil- und „Mischehe" und der Klärung des Verhältnisses von Staat und Kirche mit seinem ausgewogenen Urteil dienen konnte. Der Gedichtband „Krieg den Philistern" erschien in jenem Jahre bei Ferdinand Dümmler in Berlin.
Eichendorff war sich lange nicht im Klaren darüber, ob er den „Taugenichts" nicht besser in den Titel „Der neue Troubadour" umändern sollte, obgleich er einmal seiner Frau gegenüber spontan die erste Namensbezeichnung genannt hatte. Dann, 1826, erschien „Aus dem Leben eines Taugenichts" zusammen mit dem „Marmorbild" als zwei Novellen in der Berliner Vereinsbuchhandlung, ergänzt durch einen Anhang an Liedern und Romanzen. Mit dem „Taugenichts" ging Eichendorff in die deutsche Literaturgeschichte ein, mochte Wolfgang Menzel auch urteilen: „Der Taugenichts taugt auch gar nichts." Eine echte positive Würdigung schrieb der Schriftsteller Willibald Alexis, der eigentlich Wilhelm Häring hieß, in den „Blättern für literarische Unterhaltung", und ebenso Theodor Fontane: „Kein andres Volk hat ein solch` Buch."
Manchmal fragte sich Joseph von Eichendorff, ob er nicht selbst Wesenszüge des „Taugenichts" verkörpere. Ein junger, erfolgloser, gelegentlich ängstlicher Müllersbursche mit Träumen und Hoffnungen, die sich nicht erfüllen ließen. Doch in einem Punkte musste er seiner Fantasiegestalt wider-

sprechen: Er, Eichendorff, liebte keineswegs das bequeme Leben mit Situationen, in denen schon alles geregelt war und wo man dem Herrgott einen guten Mann sein lassen konnte. Nein, er konnte arbeiten, hart arbeiten, um für sich und seine Familie endlich eine Lebensgrundlage zu schaffen. Doch die Liebe zur Natur, die Schilderung der wechselnden Landschaften war beiden, dem „Taugenichts“ und ihm, gemeinsam. Immer breiteten sich die Wälder in bläulichen Farben vor ihnen auf, der Himmel war weit, die Sonne schien, die Lüfte waren erfüllt vom Tirilieren der Vögel, und die Lerche stieg von allen gefiederten Sängern am höchsten empor und sang flügelschlagend und doch verharrend ihr Schöpfungslob. – Manchmal las der Dichter halblaut vor, was er zu Papier gebracht hatte, um den Klang und die Wirkung der Worte zu prüfen:

„Da lachte die Dame in einem fort und rief mir zu: ‚Spring Er nur hinter mir auf – wir fahren auch nach Wien!‘

Wer war froher als ich! Ich machte eine Reverenz und war mit einem Sprunge hinter dem Wagen, der Kutscher knallte, und wir flogen über die glänzende Straße, dass mir der Wind am Hute pfiff. Hinter mir gingen nun Dörfer, Gärten und Kirchtürme unter, vor mir neue Dörfer, Schlösser und Schlösser und Berge auf; unter mir flogen Saaten, Büsche und Wiesen bunt vorüber, über mir schwirrten Lerchen in der klaren, bauen Luft. Ich schämte mich, laut zu schreien, aber innerlich jauchzte ich und trampelte und tanzte auf dem Wagentritt herum, dass ich bald meine Geige verloren hätte. Wie aber dann die Sonne immer höher stieg, rings am Horizont weiße Mittagswolken aufstiegen und alles so schwül und still wurde über den leise wogenden Kornfeldern, da fiel mir wieder mein Dorf ein und mein Vater und unsere Mühle, wie es da so heimlich kühl war an dem schattigen Weiher, und dass nun alles so weit, weit hinter mir lag. Mir war da-

bei so kurios zumute, als müsste ich wieder umkehren. Ich streckte meine Geige zwischen Rock und Weste, setzte mich voller Gedanken auf den Wagentritt und schlief ein …"
Wie passend zu dieser Schilderung war doch das Gedicht „Es schienen so golden die Sterne …", das Eichendorff sogleich eingefügt hatte:

Es schienen so golden die Sterne,
am Fenster ich einsam stand
und hörte aus weiter Ferne
ein Posthorn im stillen Land.
Das Herz mir im Leib entbrennte,
da hab ich mir heimlich gedacht:
Ach, wer da mitreisen könnte
in der prächtigen Sommernacht!

Zwei junge Gesellen gingen
vorüber am Bergeshang,
ich hörte im Wandern sie singen
die stille Gegend entlang:
Von schwindelnden Felsenschlüften,
wo die Wälder rauschen so sacht,
von Quellen, die von den Klüften
sich stürzen in die Waldesnacht.

Sie sangen von Marmorbildern,
von Gärten, die überm Gestein
in dämmernden Lauben verwildern,
Palästen im Mondenschein,
wo die Mädchen am Fenster lauschen,
wann der Lauten Klang erwacht
und die Brunnen verschlafen rauschen
in der prächtigen Sommernacht.

Eine Szene gefiel Eichendorff über alle Maßen, und er wurde nicht müde, als er das gedruckte Exemplar in den Händen hielt, sie immer wieder halblaut zu rezitieren:
„Ich hatte nun den ganzen Tag eigentlich nichts zu tun, saß im Schlafrock und mit der Schlafmütze auf dem Bänkchen vor dem Hause, rauchte Tabak aus einem langen Rohre und sah zu, wie die Leute auf der Landstraße kamen und gingen, fuhren oder ritten. Zuerst war es ganz passabel, aber nach und nach wollte mir das Sitzen vor der Türe nicht mehr recht behagen. Ich nahm mir, um es bequemer zu haben, einen Schemel heraus, flickte ein altes Parasol des Einnehmers und steckte es zum Schutze gegen die Sonne wie ein chinesisches Lusthaus über mich. Aber alles half nichts; es schien mir, wie ich so saß und rauchte und spekulierte, als würden mir allmählich die Beine immer länger vor Langeweile und die Nase wüchse mir vom Nichtstun, wenn ich so stundenlang an ihr heruntersah. Und wenn dann manchmal vor Tagesanbruch eine Extrapost vorbeikam, und ich trat halb verschlafen in die kühle Luft hinaus, und ein niedliches Gesichtchen, von dem ich in der Dämmerung nur die funkelnden Augen sah, beugte sich neugierig zum Wagen hinaus und bot mir freundlich einen guten Morgen, in den Dörfern ringsumher aber krähten die Hähne so frisch über die leise wogenden Kornfelder herüber, und zwischen den Morgenstreifen schweiften hoch am Himmel schon einzelne, früherwachte Lerchen, und der Postillion nahm sein Horn und fuhr weiter und blies und blies, da stand ich lange und sah dem Wagen nach, und es war mir nicht anders, als müsste ich nur sogleich mit fort – weit, weit in die Welt …“

Ja, was für eine Welt, gleichsam gemalt, verzaubert, vor den Lesern ausgebreitet wie ein weites Tuch, auf dem die Köstlichkeiten des Lebens zum Genuss bereitlagen. In diese Szene

konnte man eintauchen, die Glieder ausstrecken, sich in ihr tummeln und es sich wohlergehen lassen. Und die Gedanken schweiften über die geschilderte Herrlichkeit hinaus und nahmen die Welt vom fernen Himmel aus in Augenschein.
Was Joseph von Eichendorff in manchen durchwachten Nächten niedergeschrieben und zunächst in der Schublade verborgen, dann aber wieder hervorgeholt und überarbeitet den Verlegern angeboten hatte, erschien nun der Reihe nach in verschiedenen Publikationen. Friedrich de la Motte Fouqué bot in seiner Frauentaschenbuch-Reihe einen dankbaren Raum für manche Gedicht-Edition.
Als 1830 das historische Trauerspiel „Der letzte Held von Marienburg“ erschien, schickte Eichendorff ein Vorausexemplar an den König, ein zweites an Johann Wolfgang von Goethe. Während sich der König mit warmen Worten bedankte, kam vom Dichterfürsten keine Antwort. Goethe hielt es – wie sich später herausstellte – nicht für nötig, das Exemplar überhaupt in die Hand zu nehmen und gab es ungeöffnet an seinen Enkel Wolfgang weiter, der damit aber offenbar auch nichts anzufangen wusste. In jenem Jahr wurde dem Ehepaar Eichendorff die Tochter Anna Hedwig Josephine geboren.
Joseph von Eichendorff war nicht nachtragend. Die Missachtung seines Geschenkes hielt ihn nicht davon ab, Goethe ein Jahr vor seinem Tod, zu seinem Geburtstag 1831 das Gedicht „Der alte Held“ zu widmen.

Der alte Held

„Ich habe gewagt und gesungen,
da die Welt noch stumm lag und bleich,
ich habe den Bann bezwungen,
der die schöne Braut hielt umschlungen,
ich habe erobert das Reich.

Ich habe geforscht und ergründet
und tat es euch treulich kund:
Was das Leben dunkel verkündet,
die Heilige Schrift, die entzündet
der Herr in der Seele Grund.

Wie rauschen nun Wälder und Quellen
und singen vom ewigen Port:
Schon seh ich Morgenrot schwellen,
und ihr dort, ihr jungen Gesellen,
fahrt immer immerfort."

Und so, wenn es still geworden,
schaut er vom Turm bei Nacht
und segnet den Sängerorden,
der an den blühenden Borden
das schöne Reich bewacht.

Dort hat er nach Lust und Streiten
das Banner aufgestellt,
und die auf dem Strome der Zeiten
am Felsen vorübergleiten,
sie grüßen den alten Held.

Ob nun Danzig oder Königsberg, Joseph von Eichendorff trachtete im Herzen danach, aus dem fernen Osten Preußens wegzukommen, ja, wenn möglich, als katholischer Regierungsrat ins preußische Rheinland versetzt zu werden. Er schrieb verschiedene Gesuche, aber auch Karl Friedrich Freiherr von Stein zum Altenstein vermochte nichts auszurichten und ein Brief an Görres mit der Bitte um Vermittlung einer Stelle in Bayern blieb erfolglos. „Euer Hochwohlgeboren kennen die preußische Wirtschaft so gut wie ich", schrieb

der Baron. „Ich habe ehrlich gekämpft, so gut ich es vermag, aber ich bewege mich hier wie in Fesseln, ohne Hoffnung lohnenden Erfolgs, und sehe mit Gewissheit voraus, mich in diesem Verhältnisse nicht lange mehr halten zu können."
Eichendorff versuchte immer wieder, aus der Isolation und der ihm feindlich gesinnten Umgebung fortzukommen, er führte seine schwierigen Dienstverhältnisse und seine prekäre finanzielle Lage an und bat schließlich Altenstein in einem Akt der Verzweiflung, ihn in seinen unmittelbaren Berliner Amtsbereich zu versetzen. Für Eichendorff war Ostpreußen fast ein Vorort Sibiriens, für Fremde ein gefährliches Klima „am Rande der Schneegrenze".
An solchen Tagen tiefer Depression halfen auch die Erfolgsmeldungen über den Abdruck seiner Werke wenig. Von verschiedenen Stellen wurde ihm die Herausgabe seiner Schriften gemeldet. Aber konnte er sich über diese Nachrichten noch freuen?
Luise spürte sehr wohl die zunehmende Verzweiflung ihres Mannes. Sie versuchte ihn zu trösten. „Sieh doch, Joseph, wie unsere Kinder gedeihen und uns Freude machen. Du hast deine Familie und die Literatur als Ausgleich für deine berufliche Unzufriedenheit. Du bist doch ein frommer Mensch, die Misshelligkeiten des Alltags sind vielleicht eine Prüfung Gottes, inwieweit du sie in Geduld erträgst."
Solche Worte der Ermunterung halfen über den Augenblick hinweg, aber nicht über Wochen und Monate.

Abend

Gestürzt sind die goldnen Brücken
und unten und oben so still!
Es will mir nichts mehr glücken,
ich weiß nicht mehr, was ich will.

Von üppig blühenden Schmerzen
rauscht eine Wildnis im Grund,
da spielt wie in wahnsinnigen Scherzen
das Herz an dem schwindligen Schlund. –

Die Felsen möchte ich packen
vor Zorn und Wehe und Lust,
und unter den brechenden Zacken
begraben die wilde Brust.

Da kommt der Frühling gegangen,
wie ein Spielmann aus alter Zeit,
und singt von uraltem Verlangen
so treu durch die Einsamkeit.

Und über mir Lerchenlieder
und unter mir Blumen bunt,
so werf ich im Grase mich nieder
und weine aus Herzensgrund.

Altenstein konnte zunächst nichts für Joseph von Eichendorff tun, doch im Juli 1831 bestellte er eine Kommission nach Berlin ein und beauftragte den Regierungsrat mit einem Gutachten über den Streit Theodor von Schöns mit dem Fürstbischof von Ermland. So kam Eichendorff zunächst wenigstens vorbehaltlich in die preußische Hauptstadt, wenn auch mit einem diffizilen Auftrag, denn einerseits fühlte er sich mit von Schön freundschaftlich verbunden und ihm verpflichtet, zum anderen wusste er, dass Schön beim König wegen seiner Kirchenpolitik nicht das höchste Ansehen genoss. Gefasst, jederzeit wieder nach Königsberg abgeschoben zu werden, tat Eichendoff in Berlin gewissenhaft seine Arbeit ohne Aussicht auf eine Anstellung im Kultusministerium. Er fand sich viel-

mehr in einem kleinen Kreis von Mitarbeitern wieder, die für die Ministerien des Äußeren, des Inneren und des Kultusministeriums tätig waren, und hier fühlte er sich bald als Aushilfsbeamter ohne Stimmrecht und Einfluss.
Am 24. März 1832 hauchte Anna Hedwig Josephine ihr erst zweijähriges Leben aus und stürzte die Eltern in tiefe Trauer. Was bedeutete der Verlust eines Kindes gegenüber beruflichen Querelen? Alle Belastungen des Alltags schienen mit einem Male so gering und nebensächlich. Was hätten die Eltern darum gegeben, wenn sie ihr Kind hätten behalten dürfen! Joseph flüchtete sich ins Gedicht, die Worte fielen ihm schwer, doch ein ganzer Zyklus entstand, in dem er seiner Trauer Ausdruck verleihen konnte.

Auf meines Kindes Tod

Was ist mir denn so wehe?
Es liegt ja wie im Traum,
der Grund schon, wo ich stehe,
die Wälder säuseln kaum.

Noch von der dunklen Höhe.
Es komme wie es will,
was ist mir denn so wehe –
wie bald wird alles still.

Das ist's, was mich ganz verstöret:
Dass die Nacht nicht Ruhe hält,
wenn zu atmen aufgehöret
lange schon die müde Welt.

Dass die Glocken, die da schlagen,
und im Wald der leise Wind

jede Nacht von neuem klagen
um mein liebes, süßes Kind.

Dass mein Herz nicht konnte brechen
bei dem letzten Todeskuss,
dass ich wie im Wahnsinn sprechen
nun in irren Liedern muss.

Von fern die Uhren schlagen,
es ist schon tiefe Nacht,
die Lampe brennt so düster,
dein Bettlein ist gemacht.

Die Winde nur noch gehen
wehklagend um das Haus,
wir sitzen einsam drinnen
und lauschen oft hinaus.

Es ist, als müsstest leise
du klopfen an die Tür,
du hättst dich nur verirret,
und kämst nun müd zurück.

Wir armen, armen Toren!
Wir irren ja im Graus
des Dunkels noch verloren –
du fandst dich längst nach Haus.

Was Eichendorff zutiefst widerstrebte, war die Beschäftigung mit dem „Zensurwesen" im preußischen Staat. Er besaß andere Wertvorstellungen als mancher seiner Kollegen, die Gehorsam als erste Bürgerpflicht empfahlen. Pressefreiheit? Lag darin nicht die Möglichkeit, renitenten, aufmüpfigen Untertanen

eine Plattform für ihre staatsgefährdenden, oppositionellen Gedanken zu liefern? Seit der Schriftsteller August von Kotzebue 1819 durch einen Studenten ermordet worden war, waren die Pressegesetze in den restaurativen Staaten des Deutschen Bundes nach und nach verschärft und die Meinungsfreiheit eingeschränkt worden. Eichendorff entwarf auf höhere Anordnung mehrere Vorlagen für eine neue Pressegesetzgebung, die allesamt verworfen wurden, sie waren einem Staat zu liberal, in dem Innenminister Rochus von Rochow unverblümt verkünden konnte: „Dem Untertan ziemt es nicht, an die Handlungen des Staatsoberhauptes den Maßstab seiner beschränkten Einsicht anzulegen und sich in dünkelhaftem Übermut ein öffentliches Urteil über die Rechtmäßigkeit derselben anzumaßen." Unter diesem Aspekt hatte auch eine „Historisch-politische Zeitschrift", wie sie der Hamburger Verleger Friedrich Perthes in Verbindung mit dem Historiker Leopold Ranke herausgab und an der auch Eichendorff mitarbeiten sollte, keine Zukunft. Seine Beiträge blieben ungedruckt.
Berlin, die aufstrebende, teure, auch von Seuchen heimgesuchte Stadt, bot dem Dichter und Beamten ein Refugium in den Salons der Freunde oder in der „Mittwochgesellschaft", in der er mit gleichgesinnten Poeten, Musikern und bildenden Künstlern zusammentraf. Felix Mendelssohn-Bartholdy suchte seine Bekanntschaft, weil sich die Gedichte Eichendorffs so wunderbar in Musik umsetzen ließen. Brahms, Schubert, Schumann, Reger, Wolf, Pfitzner – sie alle bedienten sich ebenfalls seiner Lyrik, die ihn der Nachwelt bekannter machten als sein „Taugenichts". Eichendorff entwarf zahlreiche literarische Pläne zeitnah, und so arbeitete er auch gleichzeitig an mehreren, ohne sie aus einem Guss abzuschließen. „Viel Lärm um nichts", „Die Freier", „Dichter und ihre Gesellen", eine Satire anlässlich des „Hambacher Festes", das bürgerliche Freiheiten, Grundrechte und konstitutionelle Verfassungen forderte,

„Eine Meerfahrt“, „Wider Willen“, „Das Schloss Dürande“ – Novellen, Erzählungen, Romane, in die er Gedichte einstreute, entstanden in den Folgejahren und machten den Dichter bekannt, während der Beamte sein eintöniges Dasein weiter fristete.
1832, im Todesjahr seiner Tochter Anna Hedwig Josephine, starb auch Goethe, und am 16. Juni 1835 rief Gott Luises Vater Johann Nepomuk von Larisch in Ratibor heim in sein Reich. Im Jahr 1836 konnte der Autor den ansehnlichen Band „Gedichte“ vom Verleger Duncker & Humblot, Berlin, in Empfang nehmen, nachdem ein Teil von ihnen bereits im Deutschen und Schlesischen Musenalmanach erschienen war. Eichendorff bemühte sich auch um die Intendantur der Preußischen Museen, aber konnte man einem Freund des „enfant terrible“ Theodor von Schön, dazu noch einem Katholiken, diese Stelle anvertrauen?

Es war ein lauer Abend. Die Sonne stand rötlich über den Wäldern im Westen, doch die Wärme des Tages fing sich in den Gräsern und Sträuchern des Wiesenhanges, auf dem Luise und Joseph von Eichendorff auf einer Decke Platz genommen hatten und den ausklingenden Tag genossen. Der Duft von geschnittenem Gras lag in der Luft. Seitab waren vier, fünf Mägde und Knechte noch damit beschäftigt, das Heu mit ihren Rechen zu wenden. Die Vögel sangen nicht mehr, als hätten sie sich heute vorzeitig zur Ruhe begeben, um den Tagesausklang in ihren Nestern zu genießen. Luise hatte einen kleinen Krug Most mitgebracht und gerade zwei Gläser mit dem leicht säuerlichen, gesunden Getränk gefüllt. Joseph ordnete seine Papierbündel, ohne die er in letzter Zeit, in den Ferien, selten anzutreffen war. Er nutzte jede Gelegenheit, um zu schreiben. Jetzt, wo der Druck des Kanzleialltags vorübergehend von ihm abgefallen war, genoss

er die Stunden mit seiner Familie. Er fühlte sich wohl inmitten dieses kleinen, bescheidenen und doch anfälligen Glücks und genoss jede Stunde in übermütiger Seligkeit.
„Bist du heute mit deiner Novelle weitergekommen?“, fragte Luise in die Stille. „Du hast jetzt tagelang an ihr gearbeitet, und wie ich bemerkt habe, sauste deine Feder unermüdlich über das Papier.“
„Ich darf dir sagen, dass ich sie, bis auf den Schluss, abgeschlossen habe. Nun muss ich überlegen, wie ich die Sache beende.“
„Du wirst sie zu deiner und der Leser Zufriedenheit wohl zu Ende bringen“, sagte Luise und lächelte.
„Und hoffentlich zur Zufriedenheit der Verleger“, warf Joseph ein. „Was nützt mir ein schöner Schluss, Luiska, wenn die Herren, die Bücher herausbringen, anderer Meinung sind als ich?“
„Was für eine garstige Gesellschaft“, entrüstete sich Luise, „die sich so schöne Texte entgehen lässt.“
„Bücher müssen sich verkaufen lassen, meine Liebe. Die Verleger haben ein Gespür dafür, was bei den Menschen ankommt und was nicht. Sie gehen eben leider mit der Mode, auch wenn die Qualität darunter leidet.“
„Ach, ihr armen Dichter“, seufzte Luise, „wenn man doch mehr auf euch hören würde, wäre die Welt ein Stück schöner.“ Sie zeigte auf das Manuskript, das Joseph gedankenversunken in seinen Händen drehte.
„Liest du mir ein Stück vor?“
„Gern. Ich bin gespannt, was du davon hältst.“ Joseph ordnete die Blätter, suchte eine bestimmte Stelle und begann zu lesen:
„Kaum hatte sich Gabriele vom Baum geschwungen, als einer der Reiter über den grünen Plan flog, unter den Linden anlangte und mit höflichem Gruß vor der Priorin stillhielt. Gabriele war schnell in das Haus gelaufen, dort wollte sie

durchs Fenster nach dem Fremden sehen. Die Priorin aber rief ihr nach, der Herr sei durstig, sie solle ihm Wein herausbringen. Gabriele schämte sich, dass sie der Fremde auf dem Baum gesehen hatte, und kam furchtsam und mit gesenkten Blicken mit dem vollen Becher vor die Türe, wobei sie durch ihre langen Augenwimpern das kostbare Zaumzeug des Fremden im Sonnenschein schimmern sah. Als sie aber an das Pferd trat, sagte er leise zu ihr, er sehe ihre dunklen Augen im Spiegel des Weines wie in einem goldenen Brunnen. Bei dem Klang der Stimme blickte sie erschrocken auf und stand wie geblendet – der Reiter war ihr Liebster. Alsbald trank er auf die Gesundheit der Priorin, und sah dabei aber über den Becher hinweg Gabrielen an und zeigte ihr verstohlen das Tuch, das sie in jener Nacht aus dem Fenster verloren hatte. Dann dankte er kurz, drückte die Sporen ein und flog zu dem bunten Schwarm im Walde zurück. Das weiße Tuch flatterte im Winde hinter ihm her.
‚Sieh nur', sagte die Priorin, ‚wie ein Falke, der eine Taube durch die Lüfte führt!'
‚Wer war der Herr?', fragte Gabriele, indem sie tief Atem holte. Die geistliche Dame antwortete: ‚Es war der junge Graf Dürande!'"

Eine kleine Pause entstand. Joseph legte das Manuskript zur Seite, nahm einen Schluck Most und blickte seine Frau fragend an.
„Schön, dass du mir mal wieder eine neue Arbeit von dir anvertraust, mein Lieber. Eine schöne Wortwahl. ‚Schloss Dürande'. Wovon handelt die Novelle?"
„Es ist eine Liebesgeschichte, wie du dir nach diesem Textbeispiel denken kannst, eine tragisch angelegte Liebesgeschichte zwischen einem jungen Grafen und einem Mädchen aus der Bürgerschaft."

„Das erinnert mich an dein Erlebnis während deiner Studentenzeit in Heidelberg, von dem du mir erzählt hast."
Joseph lächelte. „Das ist lange vorbei."
„Aber nicht vergessen, nicht wahr? Ereignisse, die in der Seele Spuren hinterlassen, bewahren wir in unseren Herzen, Joseph."
„Das mag wohl stimmen, Luise. Aber ‚Schloss Dürande' ist zugleich eine Erzählung aus der Revolutionszeit. Wir leben ja in einer Zeit voller politischer Spannungen. Ich glaube, die Geschichte erhält dadurch eine gewisse Aktualität."
Luise war aufgestanden. Sie blickte nach Westen, wo die Sonne inzwischen gänzlich untergegangen war und nur einen schmalen rötlichen Streifen als Abschiedsgruß herüberschickte. Sie trat von hinten an ihren Mann heran und legte ihm die Arme um seine Schultern. Joseph ließ sich die Zärtlichkeit gefallen und blickte gespannt zu ihr auf.
„Was hältst du von dem Stil?", fragte er dann erwartungsvoll, „meinst du, er könnte so bleiben, oder ist er – zu romantisch, wie manche Kritiker mir vorwerfen?"
„Du sprichst die Menschen an, Joseph, das höre ich immer wieder. Sie wollen sich an der Schönheit deiner Worte erfreuen. Probleme bringt der Alltag für sie genug."
„Aber in meinen Prosatexten und Gedichten werden viele Probleme angesprochen, Luise. Die Spannungen zwischen zwei Menschen, zwischen Gruppen und Völkern, die dann in Kriege ausarten."
„Und doch sind deine Arbeiten so voller Trost, auch wenn es sich um schmerzliche Begebenheiten handelt."
„Aber für viele Probleme habe ich keine Lösung", sagte Joseph leise. „Wir sind nun mal Menschen unterwegs, auf der Wanderschaft sozusagen, auf dem Weg freilich zu einem höheren Ziel. Ich versuche, vor allem Menschen, die unterwegs sind, darzustellen, Menschen, die sich nach ihrer verlorenen

Heimat, nach der Kindheit zurück oder in die blaue Ferne voraussehnen. Der Soldat, der Student, der Musiker, der Wanderer – wir alle sind auf der Suche nach einer Heimat, die wir auf Erden nicht finden werden. Viele Menschen zieht es nach Rom. Weiß Gott, ich wäre auch gern einmal dorthin gereist. Aber auch die, die diese schöne Stadt erreichen, werden vor Ort feststellen, dass es noch ein anderes Rom, ein Roma aeterna, geben muss, eine Stadt jenseits aller irdischen Vorstellungen. Sie kann nur der Himmel sein."

Die Mägde und Knechte waren derweil mit ihrer Arbeit fertig geworden. Sie packten die Rechen und andere Geräte zusammen und machten sich auf den Heimweg. Eines der Mädchen begann zu singen und nach einer Weile fielen die anderen ein. Dazwischen war auch bald die tiefere Stimme eines der Männer zu hören.

„Das Gute kann ansteckend wirken, wie du hörst, Luiska. Aber ebenso das Böse."

Einen Augenblick war es still. Hoch am dunkelnden Himmel kreiste einsam ein Falke. Es wird Zeit, dass du ins Nest kommst, dachte Eichendorff.

Luise nahm die Unterhaltung wieder auf. „Wenn es so ist, dann muss wohl viel Gutes in deinen Novellen und Gedichten sein. Deine Gedichte gehen zu Herzen, nicht nur mir. Sie sind wunderbar!"

Joseph erhob sich. Er stand nun der etwas kleineren Gestalt seiner Frau gegenüber und betrachtete sie liebevoll. Dann zog er sie sanft an sich.

„Lob mich nicht über den Klee, meine Liebe. Das vertrage ich nicht. Zum Schreiben gehören Demut und Dank für die Gnade, sich ausdrücken zu können."

Wie ist er doch bescheiden, dachte Luise. Offen, ehrlich, treu und bescheiden. Ich danke Gott, dass ich einen so vortrefflichen Mann bekommen habe.

Die Spannungen zwischen der katholischen Kirche und dem preußischen Staat nahmen immer mehr zu. Eichendorff fühlte sich wie zwischen zwei Mühlsteinen zerrieben in der Treue zu seiner Kirche und der Verpflichtung durch den Beamtenschwur. Die Auseinandersetzungen verschärften sich, bis sie in den so genannten „Kölner Wirren" im November 1837 einen ersten Höhepunkt erreichten. Erzbischof Clemens August Droste zu Vischering spitzte die „Mischehenfrage" zu, indem er sich nicht so konziliant verhielt wie sein Vorgänger. Da er der Kabinettsorder, sich der Amtsgeschäfte zu enthalten und die Bischofsstadt zu verlassen, nicht nachkam, wurde er festgenommen und in die Feste Minden überführt. Joseph von Görres, inzwischen Herausgeber des „Rheinischen Merkur" und anerkannter katholischer Publizist, griff in den Kirchenstreit durch seine Schrift „Athanasius" ein, was wiederum Eichendorff zu mehreren Gedichten anregte.

Die Mahnung

O heil'ges Köln, dein Hirte ist gefangen,
die halbe Welt steht jubelnd auf der Lauer,
doch andre sinnen ernst in stummer Trauer,
er mitten drin, vom greisen Haar umhangen.

Da, als die Nacht und Trübsal näher drangen,
ging durch die Seele ihm ein ahnend Schauer,
ein recht Gebet hebt über Schloss und Mauer –
still segnet er das Land, das ihn gefangen.

Und wie er segnet, klang 's vom hohen Dome,
die Glocken fingen an von selbst zu schlagen,
und weithin drang ihr Ruf vom deutschen Strome.

Die Nacht entfloh, der Morgen strahlte nieder,
und betend sah man in des Frührots Tage
sich alle sammeln um den Herren wieder.

Ebenfalls im Jahre 1837 heiratete Joseph und Luise von Eichendorffs Tochter Therese in Sedlnitz den königlich-preußischen Offizier Ludwig von Besserer-Dahlfingen, ein kleines Familienfest, das Joseph für Stunden seiner Sorgen enthob. Eine Reise nach Wien über München brachte Abwechslung in den Alltag. In der Residenzstadt der Habsburger traf er seinen Bruder Wilhelm wieder, in München Clemens Brentano und Joseph Görres. Die spanische Dichtung weckte das Interesse Josephs. Er vertiefte sich in die Lektüre der bedeutendsten Werke. War sein „Taugenichts" nicht ein Verwandter des Don Quichotte?
Wieder riss der Tod schmerzliche Lücken: Luises Mutter, Helene von Larisch, geb. von Czentner, starb am 11. März 1839, Kultusminister Karl Siegmund Franz Reichsfreiherr vom Stein zum Altenstein ein Jahr darauf, und damit ging einer der wenigen Gönner und Fürsprecher, auch wenn er Eichendorff nicht zu seinen beruflichen Zielen hatte verhelfen können. Die Hoffnung, nun zum Geheimen Regierungsrat ernannt zu werden, schwand, weil König Friedrich Wilhelm IV. das Gesuch ablehnte. So blieb Joseph von Eichendorff weiter Hilfskraft unter dem neuen Minister Johann Albrecht Friedrich Eichhorn. Was nutzten da die literarischen Erfolge? Die Übersetzung „Der Graf Lucanor" von Don Juan Manuel und die Erzählung „Die Glücksritter" erschienen bei M. Simion in Berlin. Sie wogen die Härten des Berufslebens nicht auf. Doch dann ein Sonnenstrahl in der Dunkelheit: Robert Schumann war dabei, den „Liederkreis" zu komponieren, „Zwölf Gesänge von J. v. Eichendorff".
1841 erfolgte endlich die Ernennung Eichendorffs zum Ge-

heimen Regierungsrat für Zensursachen in den Ministerien für Kultus, Inneres und Äußeres – bei gekürztem Gehalt. Im Kultusministerium entstand eine katholische Abteilung. Von den Auswirkungen der neuen Entwicklung klagte Eichendorff in einem Brief an Friedrich von Schön: „Der verstorbene Minister hatte noch in seinen letzten Tagen einen Immediatbericht entworfen, worin er darauf antrug, mich bei dem Oberzensurkollegium mit Gehalt und Geheimratstitel anzustellen. Allein der Minister starb, ehe er diesen Bericht (den aber Ladenberg nachher abschickte) gezeichnet hatte, und der König starb, ehe er darauf entscheiden konnte. Und so liegt der Bericht und mein Geschick noch bis heute in des neuen Herren Hand."
Freiherr von Eichendorff hielt im August 1841 den ersten von vier Bänden der Gesamtausgabe seiner Werke, die zu seinen Lebzeiten erschienen, in Händen. Der letzte Band kam im Februar 1842 heraus.

Während Frankreich und Deutschland auf die Rheinkrise zusteuerten, bearbeitete Eichendorff die Akten für den Weiterbau des Kölner Domes. Die „Allgemeine Preußische Staatszeitung" warb um Mitglieder für den „Berliner Verein für den Kölner Dombau", dessen Gründungsmitglied Eichendorff war. Der Artikel stammte wie eine kurze Historie der Kölner Dombaugeschichte vom Baron. „Wohlan denn! Es gilt den Ausbau eines Kunstwerkes auf deutschem Boden! So trete denn das deutsche Volk in allen seinen Stämmen und Gauen zusammen, so weit die deutsche Zunge reicht, und stifte seiner Eintracht und christlich brüderlichen Liebe ein neues Denkmal, welches mit den Gedenkzeichen der zusammenwirkenden Volksstämme geschmückt, Deutschland ernsten Willens verkünde, dass dieser Tempel stets auf deutschem Boden und unter deutscher Obhut stehen soll." Ein

Dombaufest im Jahre 1842 förderte die Vollendung dieses einzigartigen sakralen Monuments.
Dombaumeister am Kölner Dom, der den im Jahre 1560 unterbrochenen Bau jetzt betreuen sollte, war ein Landsmann von Eichendorff, der aus Jakobswalde im oberschlesischen Landkreis Cosel stammende Ernst Friedrich Zwirner, der zunächst als Vermessungskondukteur bei der Regierung in Breslau gearbeitet hatte und nach dem Studium an der königlichen Bauakademie in Berlin als Schüler Karl Friedrich Schinkels bekannt wurde. Das Rathaus in Kolberg, die Börse in Stettin und das Hauptgebäude der Universität Halle-Wittenberg gingen auf seine Entwürfe zurück.
Eichendorffs Eintritt für den Weiterbau des Kölner Domes machte bei seiner vorgesetzten Dienststelle Eindruck, und er erhielt am 9. Januar 1843 per Kabinettsorder den Auftrag, die Geschichte des Wiederaufbaus der Marienburg zu schreiben. Recherchen vor Ort in Ostpreußen waren dazu unerlässlich. Eichendorff wohnte mit Luise in der Familie seiner Tochter Therese, deren Mann 1837 als preußischer Offizier nach Danzig versetzt worden war und an der Divisionsschule unterrichtete. Danzig hatte für Joseph von Eichendorff inzwischen seinen Schrecken verloren, anders als er, noch mitten im Berufsleben stehend, sich mit ganzem Herzen aus diesem Umfeld fortgesehnt hatte. So widmete er der Stadt ein schönes Gedicht, das später von Pfitzner vertont werden sollte.

Nachts
Danzig 1843

Dunkle Giebel, hohe Fenster,
Türme tief aus Nebeln sehn,
bleiche Statuen wie Gespenster
lautlos an den Türen stehn.

Träumerisch der Mond drauf scheinet,
dem die Stadt gar wohl gefällt,
als läg zauberhaft versteinert
drunten eine Märchenwelt.

Ringsher durch das tiefe Lauschen,
über alle Häuser weit,
nur des Meeres fernes Rauschen –
wunderbare Einsamkeit.

Und der Türmer wie vor Jahren
singet ein uraltes Lied:
Wolle Gott den Schiffer wahren,
der bei Nacht vorüberzieht.

Theodor von Schön war inzwischen auf eigenen Wunsch in den Ruhestand versetzt worden. Er hatte jedoch nach seiner Pensionierung den Auftrag erhalten, die Verwaltung der Marienburg zu übernehmen. Während Joseph von Eichendorff zweimal – inzwischen noch vergebens – ebenfalls um seine Entlassung aus dem Staatsdienst nachsuchte, verfasste er die Schrift „Die Wiederherstellung des Schlosses der deutschen Ordensritter“, von denen Schön drei Prachtexemplare an den Monarchen schickte. Dem dritten Versuch Eichendorffs um Pensionierung wurde am 1. Juli 1844 schließlich stattgegeben. Einen Verdienstorden erhielt er entgegen allen Gepflogenheiten vom König nicht.

Dank

Mein Gott, dir sag ich Dank,
dass du die Jugend mir bis über alle Wipfel
in Morgenrot getaucht und Klang
und auf des Lebens Gipfel,
bevor der Tag geendet,
vom Herzen unbewacht
den falschen Glanz gewendet,
dass ich nicht taumle ruhmgeblendet,
da nun herein die Nacht
dunkelt in ernster Pracht.

Die Renovierung der Marienburg diente dem Erhalt eines „Vorpostens der preußischen Herrschaft“ im Osten. Die Vollendung des Kölner Domes aber sollte ein Sinnbild von nationaler Größe dokumentieren, das bis in das Mittelalter zurückreichte. Der „Kölner Zentralverein“ und der „Berliner Verein für den Kölner Dombau“, dem auch der Maler Peter Cornelius und der Bildhauer Christian Daniel Rauch angehörten, förderten das Anliegen auf mannigfache Weise. Eichendorff gehörte dem Vorstand der Berliner Sektion an und war bis zu seinem Ausscheiden aus dem Staatsdienst Dezernent und Kommissar des preußischen Kultusministeriums für das Dombauunternehmen. Am 4. September 1842 hatte der König den Grundstein für den Weiterbau des Kölner Domes gelegt.
Was die katholische Kirche den kirchenfeindlichen Tendenzen Preußens nach den „Kölner Wirren“ entgegensetzen konnte, war eine Massenbewegung gleichsam als Doku-

mentation der Stärke. Und so lud sie im August bis Oktober 1844 zur „Heilig-Rock-Wallfahrt“ nach Trier ein. In seiner 1845/46 erschienenen Schrift „Zur Geschichte der neuern romantischen Poesie in Deutschland“ schrieb Eichendorff: „An dem Kölner Ereignis sich selbst besinnend, in der herben Schule des Hohns und der Verfolgung seitdem erwachsen und gestählt, entstand überraschend eine unsichtbare Macht, etwas, das niemand erfunden, geführt oder geordnet, das die Romantiker träumten und selber nicht hatten – eine katholische Gesinnung. Und ihr gegenüber hat sich in dämonischem Instinkt aller Ingrimm des alten Rationalismus, der, seinerseits konsequent, nun beim nackten Heidentum angelangt, trotzig gelagert; Leipziger Plauderkonzile gegen eine Million Trierscher Wallfahrer …“

Als Pensionär hatte Joseph von Eichendorff Zeit. Er war nicht mehr an die Vorgaben seiner Behörde gebunden. Mit den Jahren zog es ihn immer wieder in die Heimat Schlesien, auch wenn Lubowitz verloren war. Manche Sommermonate hatten seine Familie und er auch in der Heimat seiner Frau in Pogrzebin verbracht, wo es ihm in Wochen der Ruhe und Stille gelungen war, die Bedrängnisse des Staatsdienstes für eine Weile abzuschütteln und sich ganz der Poesie zu widmen. Jetzt aber stand eine Reise nach Sedlnitz ins Haus, wo er sich mit seinem Bruder Wilhelm verabredet hatte. Joseph reiste mit einer wehmütigen Vorahnung: Ob dieses Treffen wohl das letzte in diesem Leben war? Noch einmal kamen sie zusammen, um ihre gemeinsame sorgenfreie Kindheit zu beschwören, das Schloss, den Park, den Garten wieder auferstehen zu lassen. Es gab so viele Ereignisse, so viele kleine Begebenheiten, an die sie sich erinnerten, Streiche, die sie dem Gesinde gespielt hatten. Die dunklen, unbewohnten Räume, die die Fensterläden vor der Sonne abschirmten, waren ein Eldorado für Entdeckungen und Versteckspiele gewesen. Jedoch sie hatten auch den Ernst nicht verdrängt, mit dem die Eltern die finanzielle Lage ihrer Güter beschworen, den schmerzhaften Abschied, der bei der Übersiedlung ins Josephinum nach Breslau die Herzen ergriffen hatte.

Als das heimatliche Schloss verkauft werden musste, hatte Joseph seinem Bruder Wilhelm geschrieben:

„Ich kann`s immer noch nicht begreifen, dass seit Mutters Tod Lubowitz in fremde Hände übergegangen ist. Ich wagte es, die Heimat noch einmal zu besuchen, und kam mir wie ein Verbannter vor. Herbstliche Stille lag über dem alten Land. Ich warf einen Blick in den Obstgarten hinter der Küche, den Tummelplatz unserer Jugend, und wagte mich bis unter die Fenster des Saales, in dem man Lüster aufhing und ein Fest für die neue Herrschaft vorbereitete. Da erfasste mich ein so heftiger Schauder, dass ich die Flucht ergriff. Lieber Bruder, unsere unglückliche Familie ist nunmehr so zerrissen und in alle Weltgegenden zerstreut, dass ich nicht ohne tiefe Wehmut an die schöne Vergangenheit denken kann …“

Beim Abschied in Sedlnitz steckte Joseph seinem Bruder ein Gedicht zu. Es war wie ein Abschiedsgeschenk, wie ein Vermächtnis einer nun zu Ende gehenden Epoche.

Die Heimat
An meinen Bruder

Denkst du des Schlosses noch auf stiller Höh'?
Das Horn ruft nächtlich dort, als ob 's dich riefe,
am Abgrund grast das Reh,
es rauscht der Wald verwirrend aus der Tiefe.
O Stille! Wecke nicht! Es war, als schliefe
da drunten unnennbares Weh.

Kennst du den Garten? – Wenn sich Lenz erneut,
geht dort ein Fräulein auf den kühlen Gängen
still durch die Einsamkeit
und weckt den leisen Strom von Zauberklängen,
als ob die Bäume und die Blumen sängen,
von der alten, schönen Zeit.

Ihr Wipfel und ihr Brunnen, rauscht nur zu!
Wohin du auch in wilder Flucht magst dringen:
Du findest nirgends Ruh!
Erreichen wird dich das geheime Singen,
in dieses Sees wunderbaren Ringen
gehen wir doch unter, ich und du!

Sie schrieben sich nicht oft, die beiden Eichendorff-Brüder. Doch ein Brief Wilhelms offenbarte ihre gegenseitige Zuneigung und Vertrautheit. „Noch immer fasst mich ein mächtiges Gefühl sehnsuchtsvoller Trauer, wenn ich zurückdenke an die schöne verlebte Zeit und besonders an dich, liebster, liebster Joseph, treuer Gefährte meiner Jugend, dem ich nie schreibe und dessen Bild ich dennoch ewig mit brüderlicher Sorgfalt in meinem Herzen pflege und bewahre. Du bist seitdem ein berühmter Mann geworden. Spurlos ist an mir die Zeit vorübergegangen! Ich lese deine Bücher mit Freude und Stolz, aber keines ergreift mich tiefer als ‚Ahnung und Gegenwart', diese Schöpfung, aufgetaucht aus dem Morgenrot unserer Heimat, unserer kräftigsten Jahre und unseres brüderlichen Zusammenlebens. Luise" – beider Schwester Luise Antonie Nepomucene – „war vor ihrer Abreise aus Schlesien nicht mehr in Lubowitz. Was hätte sie auch dort tun sollen? Wir können dort nur noch Entweihungen und Dornen suchen, die halbvernarbte Wunden wieder öffnen. Und doch kehrt sich mein Blick gerade in meinen innigsten

Augenblicken mit unbesiegbarer Sehnsucht dorthin zurück. Mein heißester Wunsch indessen ist, Dich, liebster Joseph, noch einmal wiederzusehen …"

Welches Vergnügen, endlich wieder in Österreich zu sein! Mit Luise, der Tochter Therese mit Familie trafen die Eichendorffs und Besserer-Dahlfingens am 27. Oktober 1846 zu einem längeren Aufenthalt in Wien ein. Dort war man auf seine Ankunft vorbereitet, denn zum ersten und einzigen Mal wurden dem Dichter die längst verdienten öffentlichen Ehrungen zuteil. Besonders erfreute ihn die Bekanntschaft mit Robert und Clara Schumann, die in ihrem Konzertrepertoire gern auf Eichendorffs vertonte Gedichte zurückgriffen und zu deren Abschiedsmatinee der Dichter eingeladen war. Eichendorff bestätigte Robert Schumann, er habe durch seine musikalische Umsetzung den Gedichten erst Leben gegeben. Auch Franz Grillparzer, Adalbert Stifter und Giacomo Meyerbeer gaben sich die Ehre. Eichendorff ließ sich als „den letzten Romantiker" feiern, nicht zu Unrecht, denn Ludwig Tieck, der bis 1853 lebte, hatte sich von der Romantik inzwischen abgewandt. Wurde der Baron nun zum Relikt einer überlebten Epoche?
Eichendorff zählte ein Schreiben in seiner Schatulle zu den Lieblingsbriefen, die er in seinem Leben erhielt. Es stammte von Clara Schumann: „Hochverehrter Herr, beifolgendes Blatt wird Ihnen schon im Voraus unser Anliegen verraten – werden Sie es uns nicht als Unbescheidenheit auslegen, wenn wir Sie um Ihre Handschrift bitten? Sie würde zu unseren liebsten Schätzen gehören, und uns eine teure Erinnerung an den Tag sein, wo Sie uns das Glück unserer persönlichen Bekanntschaft vergönnten. Mein Mann empfiehlt sich Ihnen verehrungsvoll, und ich bitte – freundlichst verzeihen zu wollen, hochgeehrter Herr, Ihrer ganz ergebenen Klara Schumann."

Der Baron antwortete „zur gütigen Erinnerung an Ihren ganz ergebenen Freiherrn von Eichendorff“ mit einem Gedicht:

Es träumt ein jedes Herz
vom fernen Land des Schönen.
Dorthin durch Lust und Schmerz
schwingt wunderbar aus Tönen
mach' Brücke eine Fey (Fee)
o, holde Zauberei!

Begeistert schrieb Eichendorff wenig später seinem Sohn Hermann: „Was man in der Jugend wünscht, hat man im Alter vollauf. Dieser alte Spruch trifft hier in Wien bei mir ein, die Leute wollten mich hier durchaus zum berühmten Mann machen. In der literarischen ‚Concordia‘ (einer Art Mittwochsgesellschaft in grandiosem Maßstabe) wurde ich bei meinem Eintritt mit einem Sturm von Händeklatschen empfangen, dass die Fenster zitterten. Zwei Literaten sprachen Gedichte an mich, den ganzen Abend wurden von einem Opernsänger Lieder von mir gesungen, von Dessauer unglaublich schön komponiert ... Der Musikverein lud mich und Meyerbeer, der jetzt auch hier ist, zu einem musikalischen Abend ein ... Die niederösterreichischen Landstände haben mich zu ihren Abendzusammenkünften eingeladen, der hiesige Leseverein mir eine freie Eintrittskarte zugeschickt. In den hiesigen Sonntagsblättern erschien ein besonderer Artikel über mich ...“
Wie genoss Joseph von Eichendorff diese Zeit! Zwar blieben die finanziellen Sorgen, man musste schon recht gut haushalten, doch das hatte Luise gelernt, denn die Pension war mäßig und die täglichen Ausgaben in der teuren Stadt bei inflationärer Entwicklung zehrten am Reservebudget. Jedoch alle hatten verinnerlicht, sparsam zu sein und die Taler zwei-

oder dreimal umzudrehen, bevor man sie ausgab. Am Hungertuch nagten sie nicht. Zu den Lebensgewohnheiten eines wenn auch verarmten Landedelmannes mit wenigen Bediensteten gehörte Lebensstil. Zwischen Begegnungen, Gesprächen, Theaterbesuchen blieb noch Zeit, die „Geistlichen Schauspiele“ des Pedro Calderon de la Barca, die Eichendorff übersetzt hatte, bei Cotta herauszugeben und seine literaturkritische Schrift „Zur Geschichte der neuern romantischen Poesie in Deutschland“ für die „Historisch-politischen Blätter für das katholische Deutschland“ zu verfassen. Ansonsten lebte Eichendorff seiner Familie, nahm Anteil am Schicksal des an Epilepsie erkrankten Enkels Otto und förderte nach Kräften Max, den zweiten Enkelsohn. Er bangte mit seinem ältesten Sohn Hermann um die Position eines Diäten-Assessors in Potsdam und nahm Anteil am Schicksal Rudolfs, der in der Provinz eine Offiziersstelle bekleidete.

Musste er selbst eine bedrohliche Lungenentzündung überstehen, so erkrankte Luise bald an einem hartnäckigen Leberleiden, das nur zeitweise gebessert werden konnte und an dem sie immer wieder Rückfälle erlitt. Zu den wichtigen Treffen jener Zeit gehörte die Zusammenkunft mit der verwitweten Köthener Herzogin Julie, geb. Gräfin von Brandenburg, in zweiter Ehe verheiratet mit Friedrich Ferdinand von Anhalt-Köthen-Pleß. Mit ihrem Gemahl war sie 1832 zum katholischen Glauben übergetreten. In Wien stand sie in lebhaftem Kontakt zu den „Barmherzigen Brüdern“ des Peter Friedhofen, einer der Krankenpflege verpflichteten Ordensgemeinschaft. Das Herzogspaar hatte in Köthen ein Kloster mit Spital gegründet, die allerdings bald wieder aufgegeben werden mussten. Eichendorff hatte sich einmal vergeblich um die Landratsstelle in Pleß bemüht.

Da die Leberentzündung seiner Frau einer intensiveren Behandlung bedurfte, fuhren die Eichendorffs zur Kur nach Baden bei Wien und besuchten zugleich die dort inzwischen wohnende Schwester Luise Antonie Nepomucene, die, weil depressiv veranlagt, unverheiratet geblieben war und um die sich die Familie des Dichters Adalbert Stifter liebevoll kümmerte. Baden bei Wien war ein mondäner Kurort, den Eichendorff aus seiner Studienzeit 1811 in bester Erinnerung behalten hatte. Die Schillersdorfer Verwandtschaft reiste aus Schlesien an, Onkel Johann von Eichendorff und Tante Mara Anna, geborene von Hoverden, samt Nichte und Erbin Julie von Hoverden, die im Stillen als Schwiegertochter Josephs ausersehen gewesen war.

Kaum waren Joseph und Luise jedoch nach Danzig zurückgekehrt, so erhielt Schwiegersohn Ludwig von Besserer-Dahlfingen seinen Versetzungsbefehl nach Berlin, wo er an der Kadettenanstalt unterrichten sollte. Also wieder Kofferpacken und Umzug in die preußische Hauptstadt! Eine kleine Sommerwohnung im Tiergarten bot der erholungssuchenden Familie ein adäquates Refugium, und manche Monate verbrachte sie in auf dem Lehnsgut Sedlnitz, unweit der Lubowitzer Heimat, wo, wie sich später herausstellte, ein leichtsinniger Verwalter eher zum eigenen Vorteil wirtschaftete. Was Joseph von Eichendorff hier brauchte, war ein Tisch zum Schreiben mit einer geräumigen Schublade zum Verschließen, ein halbes Pfund ordinären Schnupftabak und hundert Zigarren. Hier fühlte sich der Freiherr wohl, er nannte das bescheidene Schloss auch seine „Dichterklause“. Hier trafen sich einmal im Jahr auch die in Preußen und Österreich lebenden nahen und weitläufigen Verwandten, so wie es auch andere Adelsfamilien auf ihren Gütern handhabten.
Joseph von Eichendorff, in manchen Mußestunden mit dem Rückblick auf sein Leben beschäftigt, dachte mit leisem Spott und Selbstironie an die Mitglieder der vom Juristen, Verle-

ger und Schriftsteller Julius Eduard Hitzig mitbegründeten „Neue Mittwochsgesellschaft“ und schrieb 1849 an den befreundeten Notar und Dichter Leberecht Dreves: „Meine hiesigen Bekannten teilen sich in solche, die Ihre Gedichte wohl verstehen, aber niemals schriftstellern, und solche, die zwar beständig schriftstellern, aber Ihre Gedichte gewiss gar nicht verstehen.“ Zu seinem Berliner Bekanntenkreis zählten Friedrich Carl von Savigny und Frau Gunda, die Schriftstellerin Bettina von Arnim, der Maler Peter von Cornelius, der Bildhauer August Kiß sowie August Reichensperger, ein katholischer Politiker. Die „Donnerstags-Gesellschaften“ des Kunsthistorikers, Zeichners und Ministerialbeamten Franz Kugler suchte Eichendorff gern auf, um Konversation zu pflegen und sich gedanklich auszutauschen. „Auch die Donnerstage bei Kugler leben noch, immer noch die alten, Ihnen wohlbekannten Gesichter“, vertraute er einem Brief an Jegór von Sivers an.

In Dresden

Es begann eine Zeit politischer Unruhen, die, von Frankreich ausgehend, bald auch Wien und Berlin erreichten. Man berichtete von Straßenkämpfen, von blutigen Auseinandersetzungen. Das Jahr 1848 ging als Revolutionsjahr in die Geschichte ein. Auch unter den schlesischen Webern rumorte es. Maschinen sollten ihre Arbeitskraft ersetzen. Diese Entwicklung nahm ihnen die Grundlage ihrer Existenz. Angesichts der politischen Bedrohung verlegte Familie Eichendorff am 18. Mai ihren Wohnsitz nach Dresden-Neustadt. In einem Brief an Theodor von Schön berichtete Joseph von Eichendorff über seine Stimmungslage: „Die Dichter sind eigentlich am Schlimmsten daran. Wir alle stehen den Dingen noch allzu nah, um sie poetisch aufzufassen und ruhig gestalten zu können. Ich fühle das an mir selbst. Das Pöbelregiment ist dumm, das Säbelregiment noch dümmer, und so ärgere ich mich, ich mag mich stellen, wie ich will, täglich tausendmal; und der Ärger ist eine schlechte Muse."

In die politisch unruhige Zeit traf die Nachricht vom Tode des Bruders Wilhelm ein, der am 7. Januar 1849 in Innsbruck an Lungenlähmung gestorben war. Joseph war untröstlich. Mit ihm verschwand die Bezugsperson aus seinem Leben, mit der er sich immer bestens verstanden hatte, mit der er sich freimütig austauschen konnte und die ihm nach Luise und den Eltern am engsten ans Herz gewachsen war.

„Stückweise geben wir nun aus unserem Leben zurück, was uns heilig und wertvoll war", sagte er zu seiner mit ihm trauernden Luise. „Am Ende stehen wir nackt und

bloß vor unserem Schöpfer, so wie er uns in die Welt geschickt hat."
„Aber die guten Werke folgen uns nach", entgegnete Luise lächelnd.
Immer wieder floh Joseph von Eichendorff in die Jahre seiner Kindheit und Jugend zurück. So wie er sich mit zunehmendem Alter vieler kleiner und großer Erlebnisse in Lubowitz erinnerte, so floss diese Rückschau in seine Dichtung ein.

Der alte Garten

Kaiserkron' und Päonien rot,
die müssen verzaubert sein,
denn Vater und Mutter sind lange tot,
was blühen sie hier so allein?

Der Springbrunn plaudert noch immerfort
von der alten schönen Zeit,
eine Frau sitzt eingeschlafen dort,
ihre Locken bedecken ihr Kleid.

Sie hat eine Laute in der Hand,
als ob sie im Schlafe spricht,
mir ist, als hätt' ich sie sonst gekannt –
still, geh vorbei und weck sie nicht!

Und wenn es dunkelt das Tal entlang,
streift sie die Saiten sacht,
da gibt 's einen wunderbaren Klang
durch den Garten die ganze Nacht.

Zu aller Verdruss begannen bald auch in Dresden Aufstände das Leben zu bedrohen. Die Eichendorffs wechselten mehrmals die Wohnung, um aus der unmittelbaren Schusslinie zu kommen. Die preußische Armee walzte die Aufständischen nieder. Die Vorstellung, dass sein Sohn Rudolf als preußischer Offizier an den Scharmützeln beteiligt sein könnte, bereitete Eichendorff manche schlaflose Nacht. Die Familien flohen mit dem Ziel Köthen.

Das Alter

Hoch mit den Wolken geht der Vögel Reise,
die Erde schläfert, kaum noch Astern prangen,
verstummt die Lieder, die so fröhlich klangen,
und trüber Winter deckt die weiten Kreise.
Die Wanduhr pickt, im Zimmer singet leise
Waldvöglein noch, so du im Herbst gefangen.
Ein Bilderbuch scheint alles, was vergangen,
du blätterst drin, geschützt vor Sturm und Eise.

So mild ist oft das Alter mir erschienen:
Wart nur, bald taut es von den Dächern wieder
und über Nacht hat sich die Luft gewendet.

Ans Fenster klopft ein Bot' mit frohen Mienen,
du trittst erstaunt heraus – und kehrst nicht wieder,
denn endlich kommt der Lenz, der nimmer endet.

In Köthen: Letzte Jahre

„Glücklicherweise hatten wir schon im April unser Winterquartier in der Johannesgasse verlassen und uns nicht wieder im Linkeschen Bade, sondern in der Königsbrückerstraße in der Neustadt angesiedelt, als die Revolution ausbrach." So begann ein Brief Eichendorffs an seine Freunde. Und er fuhr fort: „Die ersten zwei Tage hielten wir tapfer aus … Da aber der Kampf in der Altstadt immer ernster und bedenklicher wurde, und ein unglücklicher Ausgang desselben auch für die bisher ruhige Neustadt das äußerste befürchten ließ, so zogen wir auf Anraten und in Gesellschaft unserer Hausgenossen uns auf einen Weinberg in der Nähe von Meißen zurück, von dessen sehr hoch gelegener Villa wir den Kanonendonner deutlich hören konnten und bei Tag und Nacht die Feuer in Dresden aufgehen sahen; ein äußerst poetischer Aufenthalt, wenn ihn nur nicht die Sorge um so manchen uns lieb gewonnenen Bekannten in Dresden peinlich gemacht hätte … Indes wurde auch dieser stille Platz durch die beständigen Zuzüge bewaffneter Freischaren gar bald unsicher, wir verließen daher nach einigen Tagen den Weinberg, um in Köthen, wo wir Verwandte haben, das Fallen der tausend Wasser in möglichster Nähe abzuwarten, und sind nun von Köthen, wie gesagt, soeben nach Dresden wieder zurückgekehrt … Von Köthen ist meine Tochter mit meinem ältesten Sohn, der uns dort besuchte, auf ein paar Tage nach Berlin gereist …"

Im Sommer 1855 kehrte die Familie für mehrere Monate nach Köthen zurück. Welche Freude, dass der berühmte

Dichter mit anderen erlauchten Persönlichkeiten inzwischen Mitglied des Maximilians-Ordens des bayerischen Königs Maximilian II. geworden war, ebenso wie der dänische Märchenerzähler Hans-Christian Andersen, der auch mehrmals in Köthen weilte und sich mit Eichendorff der Anwesenheit des Professors und Dichters des „Deutschlandliedes", Hoffmann von Fallersleben, erfreuen durfte.
In Köthen wohnten Eichendorff und die Seinen bei einem Vetter seiner Frau Luise, beim Major Nikolaus Joseph von Holly-Ponienczіecz, der 1835 ein Haus in der Magdeburger Vorstadt für 1740 Taler erworben hatte. Zuvor gehörte das Haus dem Beutlermeister Krimmling und anschließend dem Köthener Regierungsrat Gustav Freiherr von Salmuth. Die Familie Holly-Ponienczіecz, die noch ein Gartengrundstück hinzuerwarb, stammte wie die Eichendorffs aus Oberschlesien. Der Major war wohl im Gefolge des Herzogs Friedrich Ferdinand von Anhalt-Köthen-Pleß nach Anhalt gekommen, der Köthen von 1818 bis zu seinem Tode 1830 regierte und der anhalt-köthenschen Nebenlinie in Oberschlesien entstammte.
Trotz der bedrohlichen politischen Lage in den Ländern suchte Eichendorff in Mußestunden seinem literarischen Auftrag treu zu bleiben. Neben Gedichten, die ihm meist leicht von der Hand gingen, schrieb er neben Novellen und Erzählungen auch einige politische und literaturhistorische Beiträge. So arbeitete er in den letzten Lebensjahren an den Versepen „Julian", „Robert und Guiscard" und „Lucius", er schrieb ein „Lessing-" und „Kleist-Porträt" und nahm das Angebot des Brockhaus-Verlages in Leipzig zur Mitarbeit an. 1851 war dort seine literaturkritische Schrift „Der deutsche Roman des 18. Jahrhunderts in seinem Verhältnis zum Christentum" und später die Studie „Zur Geschichte des Dramas" erschienen. Allerdings hatte Brockhaus Schwierig-

keiten beim Absatz der Bücher. Bald darauf meldete sich der Paderborner Schöningh-Verlag, der sämtliche unverkauften Exemplare von Brockhaus übernahm und sich die Rechte an den Titeln sicherte. „Zur Geschichte des Dramas" vermerkte Eichendorff 1854: „Es kommt überhaupt gar nicht auf christliche Stoffe an, sondern auf die religiöse Auffassung und Durchdringung des Lebens, die sich gerade an dem sprödesten Material der Wirklichkeit am wunderbarsten bewähren kann. Wir wollen auf der Bühne kein Dogma, keine Moraltheologie, nicht einmal in allegorischer Verhüllung. Wir verlangen nichts als christliche Atmosphäre, die wir unbewusst atmen, und die in ihrer Reinheit die verborgene höhere Bedeutsamkeit der irdischen Dinge von selbst durchscheinen lässt."

Ferdinand Schöningh hatte jedoch noch weiterreichende Pläne. Schon am 17. Januar 1854 hatte er an den Dichter geschrieben: „Ihre vortrefflichen Werke, besonders der ‚Roman des 18. Jahrhunderts' und das neueste ‚Julian', von denen das erstere in der Wiener Kirchenzeitung, das andere in den ‚Historisch-Politischen Blättern' eine ausgezeichnete Beurteilung erfahren, bestärken mich noch mehr in dem Vorsatz, mir folgenden Vorschlag zu erlauben. Bei den mancherlei Literaturgeschichten, die es allerdings gibt, lässt doch noch manches viel zu wünschen übrig, und besonders hat unter den seitens der Katholiken erschienenen noch keine die Vollständigkeit und Zweckmäßigkeit der von dem Protestanten Vilmar verfassten erreicht. Vielseitig hat sich daher der Wunsch kundgegeben, es möge ähnlich der Vilmarschen eine katholische Literaturgeschichte erscheinen, und habe ich mir Hoffnung gemacht, dass Euer Hochwohlgeboren sich dieser Aufgabe vielleicht unterziehen dürfte."

Eichendorff überlegte lange, ob er ein solch anspruchsvolles Werk angehen sollte, denn er fühlte sich müde und erschöpft, und die sich verschlimmernde Krankheit seiner Frau ließ ihm wenig Spielraum für Recherche und zum Schreiben. Am 3. Juli 1854 unternahm der Verleger Schöningh einen zweiten Versuch:

„Durch die Herausgabe ihres neuen so ausgezeichneten Werkes ‚Zur Geschichte des Dramas' zeigen Ew. Hochwohlgeboren wieder eine solche jugendliche und produktive Tatkraft, dass der Grund der früheren Ablehnung nunmehr verschwunden sein wird. Ich erlaube mir schließlich noch die Bitte auszusprechen, dass Ew. Hochwohlgeboren sich die Aufgabe nicht zu schwierig stellen wollen. Es braucht ja kein Wust von so genannter philosophischer Gelehrsamkeit zu sein; sondern mehr die klaren, vom Protestantismus ungetrübten Züge im Großen und nur die Hauptgrößen auch detaillierter. Euer Hochwohlgeboren können dieses gewiss ohne dass Sie Ihrer Gesundheit schadeten und werden der katholischen Sache einen sehr großen Dienst leisten."

Unter äußerster Konzentration und mit schwindender Kraft, unterbrochen durch Krankheit und Wohnungswechsel, vollendete Eichendorff das Spätwerk „Geschichte der poetischen Literatur Deutschlands", weil er der „katholischen Sache" dienen wollte. In einem Brief an den Verleger umschrieb Eichendorff sein Epos so: „Diese Schrift gibt eine allgemeine Orientierung über Gang und Richtung unserer gesamten poetischen Literatur von ihren Anfängen bis zur Gegenwart und dürfte daher, namentlich für die katholische Welt, einem längst sehr fühlbaren Bedürfnis entsprechen."

Die „Geschichte der poetischen Literatur Deutschlands" entwickelte sich zu seinem „Schmerzensbuch", denn es entstand unter großen zunehmenden Sorgen. Er setzte sich in diesem Werk ja nicht nur für eine bestimmte Literaturgattung ein, sondern es ging ihm um Dichtung überhaupt und ihrer Verpflichtung, sich für Religion und Kunst, Volk und

Vaterland stark zu machen und die metaphysische Bindung nicht aus dem Blickfeld zu verlieren.

Das Leben in Köthen, einst Stadt der „Fruchtbringenden Gesellschaft“, der größten literarischen Gruppe des Barock, gestaltete sich nach festen Regeln. Der fromme Dichter war es gewohnt, morgens die heilige Messe zu besuchen, und diesen Brauch pflegte Joseph von Eichendorff auch hier in der katholischen Schlosskirche. Die Krankheit Luises erlaubte ihr keine großen Ausflüge, und so hielt man sich in der Regel hinter dem Haus im Garten auf. Vielleicht suchte sie auch Heilung in der neueröffneten Homöopathischen Klinik des Dr. Arthur Lutze. Köthen war 1806 Herzogtum geworden. In den Jahren 1821 bis 1834 hatte der berühmte Homöopath und fürstliche Leibarzt Samuel Hahnemann hier praktiziert. 1840 bekam die Stadt Anschluss an die Eisenbahn. Nachdem am 23. November 1847 der letzte Köthener Herzog Heinrich kinderlos gestorben war, übernahm Anhalt-Bernburg die Regierungsgeschäfte.
Gegenüber dem Eichendorffschen Domizil lagen die „Magdeburger Teiche“, die als Viehtränke und Waschplatz dienten. Dahinter befand sich die Fasanerie, der von Fürst Ludwig von Anhalt-Köthen angelegte „Welsche Busch“, den der Dichter bei seinen stadtnahen Spaziergängen leicht erreichen konnte. Eichendorff war ein leidenschaftlicher Fußgänger, doch seine Runden blieben wegen der Erkrankung seiner Frau auf einen bestimmten Radius begrenzt. Er wollte sie nicht so lange allein lassen. Bei solchen Spaziergängen dachte er zuweilen über sein literarisches Lebenswerk nach. Denn in der Literaturkritik war manchmal abwertend von einer „Singdrossel“ die Rede, die er sei und der er mit seinen Gedichten Vorschub leiste. Verschiedene Klischees waren stets im Umlauf. Bin ich denn nur der naive Naturpoet und

der biedermeierliche Heimatdichter, in dessen Werk immer wieder die gleichen sprachlichen Muster und Motive auftauchen?, fragte sich Eichendorff auf seinen Gängen, und er war oft so in Gedanken vertieft, dass er den Gruß der ihm begegnenden Köthener überhörte und man ihm ein Kopfschütteln nachschickte. Natürlich habe ich bestimmte Wörter und Bilder immer gern benutzt, gestand sich der Dichter ein, aber meine plätschernden Brunnen, die prächtigen Schlösser, die schlagenden Nachtigallen, die rauschenden Ströme und Wipfel und die bläulich schimmernden Wälder waren die Stützen und Träger einer tieferen existentiellen Wahrnehmung. Die Bilder sollten wichtige Inhalte für das menschliche Leben vermitteln. Allen meinen Werken liegt eigentlich der Erlösungsgedanke zugrunde. Damit meine ich die Auswirkung der Erlösungstat Christi auf Golgatha auf die Natur und Menschheit. Natur und Mensch wurden gewissermaßen erhöht von der Sinnlichkeit zur Geistigkeit, von der Natur zur Übernatur, von der Erde zum Himmel. Ist das in meiner Lyrik denn nicht deutlich genug geworden? Die Welt ist doch erlösungsbedürftig, Mensch und Natur erleben in meinen Werken einen Zyklus von Unschuld, Sünde, Erlösung und Auferstehung.
Eichendorff seufzte bei diesen Gedanken, er blickte auf. Gewiss, die Sehnsucht nach dem Ewigen ist doch im Kern der menschlichen Seele verankert – und auch in der Schöpfung, in der Natur. Schläft ein Lied in allen Dingen … Das ist es doch, was die Wünschelrute wecken möchte.
An einem dieser Abende schrieb er dem Dichter Lebrecht Dreves: „Gottes Wege sind unerforschlich; das erfahren wir jetzt. Es bleibt daher nur übrig, nach bestem Wissen und Gewissen seine Schuldigkeit zu tun, und das andere vertrauend Gott anheimzugeben. Er wird seine Kirche nicht verlassen, und mehr brauchen wir doch eigentlich nicht.“

Die Krankheit seiner Frau zeichnete auch ihn, den Ehemann Joseph von Eichendorff, der sie mit großer Liebe und Fürsorge umgab. Es fiel ihm schwer, sein einst so überzeugt niedergeschriebenes Morgenlob zu beten.

Ich fühl' mich recht wie neu geschaffen,
wo ist die Sorge nun und Not?
Was mich noch gestern wollt' erschlaffen,
ich schäm' mich des im Morgenrot.

„Lass uns nach Karlsbad gehen“, schlug er Luiska vor. „Dort hat schon mancher Heilung gefunden, der es nicht erwartet hat.“

„Es ist vergebliche Liebesmüh, Joseph. Ich spüre, dass meine Kräfte schwinden. Ich glaube, ich werde nicht mehr lange bei dir sein.“

In solchen Augenblicken wallte in Eichendorff eine Woge des Widerstandes gegen das Schicksal auf. Nein, Gott konnte ihm seine getreue Luise nicht nehmen!

„Und wenn ich den letzten Taler umdrehen muss, wir werden das Heil in Karlsbad suchen.“

Vom 6. Juni bis 14. Juli hielt sich das Ehepaar in Karlsbad auf. Es war ein Aufenthalt voller Kindheits- und Jugenderinnerungen, als Joseph und die Geschwister mit den Eltern dort unbeschwerte Wochen genossen. Es war auch eine Zeit des seelischen Abschieds von vertrauten Menschen, die nicht mehr unter den Lebenden weilten. Die Badekur verhalf Luise indes nur vorübergehend zu einer Linderung ihrer Beschwernisse. Als Nikolaus Joseph von Holly-Ponienczciecz mit der Beförderung zum Major den Befehl über die Vereinigte Anhalt-Dessau-Köthensche Jägerabteilung erhalten und in Dessau eine Wohnung zugewiesen bekommen hatte, bot sich der Kauf seines Hauses an. Therese Besserer-Dahlfingen, Eichendorffs

älteste Tochter, war sofort bereit, das Gebäude samt Garten zu erstehen.
„Wir sollten überlegen, ob wir uns am Erwerb des Hauses nicht beteiligen können", schlug Luise ihrem Mann vor. „Der Kaufpreis scheint mit 4100 Talern allerdings überzogen zu sein."
„Für Krösus wäre der Preis ein Pappenspiel, Luise. Doch für uns? Wir müssen mit dem Rotstift rechnen, was wir finanziell entbehren können. Andererseits bin ich auch der Meinung, dass wir unserer Tochter den Kauf ohne unsere Beteiligung nicht zumuten können. Schließlich wohnen wir bei ihr und ihrer Familie und werden bestens versorgt."
Der Kaufvertrag kam am 10. August 1854 zustande, doch war Joseph von Eichendorff bei den Verhandlungen nicht zugegen. Aber in Briefen an seine Freunde schrieb er: „Wir verbringen diesen Sommer in Köthen, wo ich … vor dem Tor ein kleines Haus und Garten besitze. Aber es geht uns ziemlich unlustig. Ich selbst bin soeben erst von einem Fieber auferstanden und meine Frau muss zu ihrer völligen Wiederherstellung die Brunnenkur in Karlsbad gebrauchen, wohin ich daher mit derselben morgen auf vier bis sechs Wochen abreise. Dazu kommt, dass mein Schwiegersohn Besserer – freilich der militärischen Ordnung gemäß und daher nicht unerwartet, aber doch immer sehr ungelegen – aus dem Kadettenkorps wieder in die Armee, und zwar nach Neiße in Oberschlesien versetzt ist, wo wir demnach alle den nächsten Winter verleben werden."
Und an seinen Sohn Hermann in Aachen schrieb der Vater: „Wir wollen den künftigen Sommer in Köthen zubringen, da es jetzt in Sedlnitz mit Durchmärschen, Einquartierungen usw. beständige Unruhe gibt. Ich werde nebst der Mutter, der kleinen Helene" – jüngste Tochter von Therese – „und Mali" – Hausangestellte, Tochter des Sedlnitzer Gutsverwal-

ters – „schon Anfang April nach Köthen gehen, und Therese in den ersten Tagen des Mai nachkommen. Richte dich daher, lieber Hermann, so ein, dass du, wenn es das Wetter erlaubt, gegen Ende April, wo wir doch schon eingerichtet sein werden, oder gleich Anfang Mai nach Köthen kommst, wo es dir ganz gut gefallen wird."

Das bescheidene Glück in Köthen wurde also unterbrochen durch die niederschmetternde Nachricht von der Versetzung des Schwiegersohnes Ludwig Besserer-Dahlfingen nach Neiße in Schlesien. Wieder Kofferpacken, wieder Aufbruch! Im Stillen hatte Joseph von Eichendorff immer gehofft, eines Tages mit der Familie an den Rhein ziehen zu können, wo ihm das Leben unbeschwerter und leichter schien. Doch seine Frau Luise bat, in der Nähe ihrer Tochter bleiben zu dürfen. Und so bereiteten sie den Umzug nach dem fernen Schlesien vor.
Am 30. Oktober 1855 verließen die Eichendorffs und Therese mit ihren Kindern die Stadt Köthen per Eisenbahn, um noch am selben Tag in Berlin in ihrer „Arche Noah" einzutreffen. Die Tochter reiste mit ihren Kindern am nächsten Tage weiter nach Neiße, während Joseph und Luise noch in der preußischen Hauptstadt blieben.
Hier schrieb Joseph von Eichendorff an seinen Cousin Nikolaus Joseph von Holly-Ponienczìecz aus „Schlossers Hotel garni" in der Jägerstraße:
„Lieber verehrter Cousin! Der gütigen Erlaubnis zufolge ermangele ich nicht, ergebenst zu berichten, dass wir in unserer ‚Arche Noah' glücklich, und zwar schon um 11 Uhr, in Berlin angelangt sind. Hier haben wir den übrigen Tag und Abend noch alle zusammen im Gasthaus zugebracht. Mittwoch, den 31. Oktober, aber ist meine Tochter nebst den Kindern und H. Schneider frühmorgens nach Breslau abgesegelt und hoffentlich gestern wohlbehalten in Neiße angekommen, worüber

wir indes natürlich noch keine Nachricht haben. Ich dagegen habe den 1. November hier mit meiner Frau und Mali ein Hotel garni bezogen, wo wir zwar ganz bequem, aber leider auch sehr teuer logiert sind. Meiner armen guten Frau scheint die kleine Fahrt von Köthen hierher nicht geschadet zu haben. Doch kam sie aufs äußerste ermattet hier an, und leidet noch immerfort an Leibweh, Erbrechen und völliger Appetitlosigkeit, so dass wir wohl noch acht Tage hier werden vor Anker gehen müssen, ehe sie kräftig genug sein wird, die Reise fortzusetzen. Du kannst dir denken, wie peinlich dies meiner armen Frau ist, und wie sehr sie sich nach der Wiedervereinigung mit der Familie sehnt, von der ihr die Trennung sehr schwer geworden ist. Es ist eine harte Zeit für uns alle. Nun, Gott helfe weiter! Meine Frau empfiehlt sich allerseits angelegentlichst. Ich aber küsse Deiner verehrten Frau Gemahlin gehorsamst die Hand, und bitte, Thereschen herzlich von mir zu grüßen. Zugleich benutze ich diese Gelegenheit, um für die große Teilnahme, Güte und Freundlichkeit, die Du und die verehrten Deinigen uns in diesem Sommer so mannigfach erwiesen, nochmals meinen innigsten Dank zu sagen und verbleibe mit aufrichtiger Liebe und Verehrung
Dein treuergebener Cousin v. Eichendorff."

Bevor Eichendorff mit seiner Frau Luise in Neiße eintraf, hatte er die Tochter Therese schon vorgewarnt: „Übrigens muss ich dich darauf vorbereiten, dass die arme Mutter sehr, sehr hinfällig ist." Ehemann und Tochter ließen ihr nur alle erdenkliche Liebe angedeihen, denn sie spürten, dass es mit Luise von Eichendorff allmählich zu Ende ging. Vielleicht gingen ihnen die „Grauen Schwestern der Hl. Elisabeth" bei der Pflege zur Hand, deren Gründerin Maria Merkert zu Lebzeiten der Eichendorffs in Neiße wirkte.
Auch in Köthen ist das Wirken der Schwestern unvergessen.

Wenige Schritte vom Epitaph der seligen Maria Merkert im Ostchor der St. Jakobuskirche in Neiße befindet in einer Seitenkapelle die Büste des Dichters Joseph von Eichendorff. – Hier soll der Dichter täglich gebetet haben. In Deutsch und Polnisch wendet sich dieses Bekenntnis des Gottvertrauens an die Besucher:

Den lieben Gott lass ich nur walten,
der Bächlein, Lerchen, Wald und Feld
und Erd und Himmel will erhalten,
hat auch mein Sach' aufs Best bestellt.

Luise von Eichendorff liebte Neiße. Hier war sie bei den Magdalenerinnen, die sich der Bildung adeliger junger Damen annahmen, in die Schule gegangen. Und in Neiße hatte sie 1814 den aus dem Krieg heimkehrenden Bräutigam erwartet. Auf dem Weg nach Neiße hatte der Berliner Hausarzt sie bis Breslau begleitet. Luise war auf das Wiedersehen mit der geliebten Stadt eingestimmt, doch durch die Ankunft am Abend sah sie die vertrauten Straßen und Gassen nicht mehr. Sie kam so schwach und elendig in Neiße an, dass sie sich nicht einmal mehr an das Fenster in der Wohnung beim Coffetier Rieger, dem Besitzer der angesehensten Gaststätte der Friedrichsstadt, schleppen konnte.
„Was werde ich nur ohne dich tun?“, fragte Joseph von Eichendorff und schickte ein Stoßgebet nach dem anderen zum Himmel. „Ohne dich bin ich doch hilf- und wertlos.“
Luise versuchte ihm trotz ihres Leidens die dunklen Stunden zu erhellen, indem sie ihn tröstete: „Wertlos bist du nicht, lieber Joseph. Bedenke, wie viele gute Gedanken durch dich in die Welt gekommen sind und in Liedern und Gedichten die Menschen erfreuen. Und für dein leibliches Wohl wird Therese sorgen, das hat sie mir versprochen.“

„Ach, weißt du“ – Joseph wischte sich unbemerkt eine Träne aus dem Auge –„ohne dich wird die Welt leer sein. Du warst und bist die Mitte meines Lebens. Und wo die Mitte fehlt, kann ich nur ein Dasein am Rande führen. Jedoch ich tröste mich mit dem Gedanken, dass ich dir bald folgen werde und wir uns in ewigem Glück wiedersehen.“
Den Tod seiner Frau am 3. Dezember 1855 in der Breiten Straße in Neiße verkraftete Joseph von Eichendorff nur schwer. Es war, als hingen die Lebensjahre von nun an wie schwere Gewichte an ihm. An seinen Sohn Hermann schrieb er noch an Luises Todestag: „Die Mutter ist von uns geschieden. Heute früh um acht Uhr ist sie, nachdem sie vor einigen Tagen die heiligen Sterbesakramente empfangen, bewusstlos und sanft eingeschlummert. Ich bin bis in den Tod betrübt und kann heute nicht weiterschreiben. Gott gebe ihr die ewige Seligkeit und uns Kraft, es zu ertragen. Mir ist, als könnte ich nie wieder fröhlich sein.“
Sein 1854 entstandenes Gedicht „Der verspätete Wanderer“ bezog Eichendorff nun ganz auf sich selbst.

Wo werd ich sein im künft'gen Lenze?
So frug ich sonst wohl, wenn beim Hüteschwingen
ins Tal wir ließen unser Lied erklingen,
denn jeder Wipfel bot mir frische Kränze.

Ich wusste nur, dass rings der Frühling glänzte,
dass nach dem Meer die Ströme funkelnd gingen,
von fernem Wunderland die Vögel singen,
da hatt' das Morgenrot noch keine Grenze.

Jetzt aber wird 's schon Abend, alle Lieben
sind wandermüde längst zurückgeblieben,
die Nachtluft rauscht durch meine welken Kränze,

und heimwärts rufen mich die Abendglocken,
und in der Einsamkeit frag ich erschrocken:
Wo werd' ich sein im künft' gen Lenze?

Seine tiefe Frömmigkeit und die Gewissheit auf ein Wiedersehen in einer anderen Welt hielten Joseph von Eichendorff dennoch aufrecht. Er bekam stützenden Zuspruch aus dem verbliebenen Freundes- und Verwandtenkreis. Auf ein Kondolenzschreiben eines Geistlichen antwortete er:
„Hochverehrtester Herr!
Nehmen Sie meinen innigsten Dank für den lieblichen Gruß und Segen! In so tiefem Leid ist jede Teilnahme verwandter Seelen wohltuend, aber doppelt tröstlich, wenn sie wie hier geschehen, dahin weist, wo allein wahrhafter Trost zu finden ist… Hier hilft und rettet nur die gläubige Hoffnung des Wiedersehens, und das Gebet, durch das wir bis dahin mit den vorausgegangenen Geliebten unsichtbar verbunden bleiben. So will ich denn in meiner den ganzen Lebensabend tiefverschatteten Einsamkeit hoffen und beten, demütig ergeben in den Willen Gottes, dessen unergründliche Weisheit und Liebe ja alles zum Besten leitet."
Luise Antonie Nepomucene von Eichendorff, die sechzehn Jahre jüngere Schwester Josephs, schrieb an Adalbert Stifter: „Sie waren 42 Jahre lang zusammen verheiratet, und er hatte in mancher Beziehung eine wahrhaft blinde Liebe und Nachgiebigkeit gegen sie – wie unglücklich, wie unglücklich muss er sein …"

Es verging selten ein Tag, an dem er den frühmorgendlichen Gottesdienst nicht besucht hätte. Die Kirche als Raum und Institution gehörte zu seinem Leben. Er war katholisch erzogen worden, wenngleich nicht in der Intensität, die er später anstrebte, sondern eher traditionell mit der Betonung auf

Brauchtum und Überlieferung. Aber die oft schweren Jahre als preußischer Beamter in einer fast rein protestantischen Umgebung schärften ihm die Sinne und die Überzeugung, dass die katholische Kirche seine wirkliche geistige Heimat sei, obgleich er bei aller stillen Kritik nie ein falsches Wort gegen die Protestanten verlauten ließ. Als noch kaum jemand an die Ökumene dachte, plädierte er um der Gesellschaft willen für eine intensive Zusammenarbeit mit dem Ziel „wechselseitiger Durchdringung und Belebung" der Konfessionen. Die konfessionelle Zugehörigkeit hinderte ihn wiederholt, dass er ersehnte berufliche Ziele erreichen konnte, weil man ihn überschlug oder übersah. Und dennoch gab er seiner Hoffnung Ausdruck, dass sich auch die katholische Kirche notwendiger Neuorientierungen nicht verschloss, ohne sich zu verbiegen. Denn „Jesus Christus hat seine Kirche nicht auf die Woge der Zeit gebaut, sondern auf einen Felsen, dass er die Wogen breche".
Als die beiden Kapläne Johannes Rongers aus Breslau, und Johannes Czerski aus Schneidemühl in den vierziger Jahren des 19. Jahrhundert die nationalkirchliche Oppositionsbewegung des „Deutschkatholizismus" gründeten, trat er dieser Glaubensrichtung, die unter anderem die Bibel zur einzigen Glaubensnorm erkor, Jesus die Gottheit absprach und das kirchliche Lehramt und den päpstlichen Primat verwarf, mit Entschiedenheit entgegen.
Noch während Joseph von Eichendorff in Danzig wirkte, erhielt sein Vorgesetzter in Berlin, Johann Heinrich Schmedding, eines Tages den Brief des Fürstbischofs von Ermland, Joseph Wilhelm Friedrich Prinz von Hohenzollern-Hechingen, in dem es hieß: „Anliegendes Gedicht auf die Mutter des Herrn ist von dem trefflichen v. Eichendorff gedichtet, ich meine, in dieser Sprache ist es eines der geistreichsten und gemütlichsten. Schon wird es im lieben Ermland nach

einer sehr beliebten Weise von Tausenden gesungen." Damals erlebte das Bistum Ermland eine Renaissance der Marienverehrung, nachdem 1823 das große Marienbild an der Marienburger Schlosskirche restauriert worden war. Das Lied fand Aufnahme im Breslauer Gesangbuch.

Kirchenlied

O Maria, meine Liebe!
Denk ich recht im Herzen dein:
Schwindet alles Schwer' und Trübe,
und wie heller Morgenschein
dringt's durch Lust und ird'schen Schmerz
leuchtend mir durchs ganze Herz.

Auf des ew'gen Bundes Bogen
ernst von Glorien umblüht,
stehst du über Land und Wogen,
und ein himmlisch Sehnen zieht
alles Leben himmelwärts
an das große Mutterherz.

Wo Verlass'ne einsam weinen
sorgenvoll in stiller Nacht,
den' vor allen lässt du scheinen
deiner Milde liebe Pracht,
dass ein tröstend Himmelslicht
in die dunklen Herzen bricht.

Aber wütet wildverkehrter
Sünder frevelhafte Lust:
Da durchschneiden neue Schwerter
dir die treue Mutterbrust.

Und vor Schmerzen flehst du doch:
Herr, vergib! Und schone noch!

Deinen Jesus in den Armen
übern Strom der Zeit gestellt,
als das himmlische Erbarmen
hütest du getreu die Welt.
Dass im Sturm, der trübe weht,
dir kein Kind verloren geht.

Wenn die Menschen mich verlassen
in der letzten stillen Stund',
lass mich fest das Kreuz umfassen.
Aus dem dunklen Erdengrund
leite liebreich mich hinaus,
Mutter, in des Vaters Haus.

Der Schnee war ein stiller Begleiter. In leichten Flocken wirbelte er um die einsame Gestalt, die den Weg durch die Gassen der Stadt nahm. Niemand begegnete ihr. Die Straßenlaternen verbreiteten ein trübes milchiges Licht. Nur aus den Fenstern der Häuser schimmerte der Glanz der Lichter golden und warm in den späten Abend hinaus. Es war, als wäre die Luft, seit dem Morgen vom eisigen Wind angetrieben und allmählich verebbt, nun unter der Winterglocke noch einmal erwacht. Von den Dächern stob der Schneestaub in kleinen weißen Wolken auf das Pflaster herab. Er nässte das Gesicht des einsamen Mannes, der, in seinen Pelz gehüllt, eine dicke Mütze auf dem Kopf, den Kragen hochgeschlagen, den Stock in der Hand, gemächlichen Schrittes durch die Stadt ging. Seine Augen streiften die Fenster der Häuser, warfen einen scheuen Blick in die festlich geschmückten Stuben. Tannengrün glänzte hinter den Vorhängen, kleine

Kerzen betonten die Festlichkeit, die allenthalben spürbar war.
In einigen Häusern hatte die Bescherung schon stattgefunden. Verhaltene Worte der Freude drangen auf die Straße hinaus. Oder der leise Gesang eines Weihnachtsliedes. Ein Hausvater las mit fester Stimme das Weihnachtsevangelium vom Engel, der den Hirten die Friedensbotschaft brachte, und dem Gotteskind in der Krippe. Mädchen und Buben zeigten ihren Eltern beglückt, was das Christkind ihnen gebracht hatte: Trompeten, Kreisel, Puppen, Kaufläden, Puppenwagen, kleine Kutschen mit Pferdchen davor, Bleisoldaten, Marzipan und buntes Gebäck.
Der einsame Mann auf der Gasse seufzte beim Anblick dieser Herrlichkeit. Er fühlte sich in seine eigene Kindheit zurückversetzt, als er im elterlichen Schloss unter der großen Tanne die mit Schleifen verzierten Pakete öffnete und im Kreis der Geschwister die schönen Dinge bestaunte, die er zum Christfest bekommen hatte. Und er dachte an die eigenen Kinder, die er mit seiner Frau in diesen Dezembertagen vor vielen Jahren beglückt hatte. Er sah im Geist die strahlenden Gesichter und hörte das Lachen, das noch von keiner Sorge getrübt war. Doch jetzt war es still um ihn. Die Bilder der Vergangenheit schwanden und hinterließen eine Leere, die diese Nacht, die weihnachtliche Winternacht, nicht füllen konnte. Die, die er geliebt und beschenkt hatte, die der Mittelpunkt seines Lebens gewesen waren, schliefen längst in der kalten, vereisten Erde. Wenn er an sie dachte, wurde es ihm schwer ums Herz, ein schmerzhafter Griff umfasste seine Brust, der Atem stockte. Er musste hinaus, weg aus der Stadt, ins Freie, offene Feld. Die Enge der Gassen, die tief hinabgezogenen Dächer bedrängten ihn mit einem Male, er beschleunigte die Schritte und wanderte, den Stock fest in den Schnee stoßend, durch das Stadttor hinaus.

Gleich hinter den letzten Mauern lag die weite Landschaft vor ihm, ein weißer Teppich, von keinem Menschen betreten, unberührt und feierlich. Der Wanderer verhielt bei diesem Anblick den Schritt, blieb eine Weile stehen und besah das wie von Schöpferhand gemalte Bild, die starren Bäume, das schwarzglänzende Buschwerk, das wellige, hügelige Feld, die Kohlsdorfer Wiesen, den zugefrorenen Bach, unter dessen Eisdecke das Wasser in der Tiefe murmelte. Dann aber hob er die Augen und das kindliche Staunen vieler Jahre nahm ihn gefangen: Am Himmel funkelte eine Unzahl Sterne. Große, kleine, stark leuchtende und solche mit schwachem Widerschein breiteten die gewaltige Größe der Schöpfung vor ihm aus. So weit das Auge reichte, bis in die Tiefe des Horizonts, ein Glitzern und Funkeln, ein Flackern und Leuchten. War nicht selbst die Erde angerührt von dieser überirdischen Pracht? Schwieg sie nicht und hielt sie nicht jeden Laut zurück, um diese Allmacht des Schöpfers in der Stille zu bewundern?
Worte stiegen in dem Wanderer auf, drängten sich über seine Lippen. Jetzt, in den Taschen seines Pelzes, befand sich kein Blatt Papier, kein Stift, um diese Worte festzuhalten. Er musste ihnen in der Seele einen Ort geben, sie auswendig lernen, und, sie stets wiederholend, einen festen Platz in seinem Gedächtnis zuweisen. Noch einmal nahm er die Fülle dieses gewaltigen Naturerlebnisses wahr, er atmete tief, befreit, beglückt, bis die Lunge schmerzte, dann kehrte er um und eilte, das überwältigende Bild festhaltend, nach Hause zurück. Unterwegs formten sich die Worte zu Reimen, und die Verse brachte er zu Papier, gleich, nachdem er die Haustür hinter sich geschlossen hatte und die Tochter ängstlich aus der Küche kommend fragte, wo er so lange gewesen sei.

Weihnachten

Markt und Straßen stehn verlassen,
still erleuchtet jedes Haus,
sinnend geh ich durch die Gassen,
alles sieht so festlich aus.

An den Fenstern haben Frauen
buntes Spielzeug fromm geschmückt,
tausend Kindlein stehn und schauen,
sind so wunderstill beglückt.

Und ich wandre aus den Mauern
bis hinaus ins freie Feld,
hehres Glänzen, heil'ges Schauern!
wie so weit und still die Welt!

Sterne hoch die Kreise schlingen,
aus des Schnees Einsamkeit
steigt's wie wunderbares Singen –
o du gnadenreiche Zeit!

Auch der jetzt residierende Fürstbischof Heinrich Förster suchte den Kontakt zu Eichendorff, von dessen zunehmender Vereinsamung er erfahren hatte, und er lud ihn im Frühjahr 1856 und Herbst 1857 in seine Sommerresidenz Schloss Johannesberg bei Jauernig in Österreich-Schlesien ein. Manchmal sprachen sie abends über die letzten Dinge, und Eichendorff, der sich in seiner katholischen Kirche zutiefst beheimatet fühlte, empfand die Worte des Fürstbischofs hilf- und trostreich. „Nach der Kirche besuchte er mich auf meinem Zimmer", schrieb der Freiherr an seine Tochter Therese, „sah nach, ob mir auch an Komfort nichts fehle, und

sprach über eine Stunde auf das Vertraulichste über Personen und Verhältnisse". Doch der Freiherr beklagte sich auch, dass er vor lauter Faulenzerei und gesellschaftlicher Verpflichtungen nicht zum Schreiben, ja, nicht einmal zur Lektüre des „Simplizissimus" käme, weil die Kutschfahrten in die nähere und weitere Umgebung ihn davon abhielten. Schon lange trug Eichendorff sich mit dem Gedanken, eine Autobiografie zu verfassen. „Aus den Papieren eines Einsiedlers. Dichtung und Wahrheit" hieß eines der begonnenen Kapitel. „Dichtung und Wahrheit" erinnerte ihn an Goethes „Aus meinem Leben". Und der „Einsiedler" spielte auch in Grimmelshausens „Simplizissimus" einen Part. Den Parlamentarier und Mitbegründer der Zentrumspartei August Reichensperger ließ er wissen, er sei noch nicht zu der empfohlenen Rezension seiner Literaturgeschichte gekommen, da er das Leben eines Einsiedlers führe und Neiße so etwas wie eine literarische Wüste sei. Aber immerhin entstanden in Laufe der Wochen doch die Skizzen „Erlebtes" und die Werke „Der Adel und die Revolution" und „Halle und Heidelberg". An Theodor von Schön schrieb der Dichter: „Fast alle meine alten Bekannten sind gestorben, und Oberschlesien ist mir fremder geworden als jede andere Provinz."
Das Schloss Johannesberg, 339 Meter über dem Meer, lag über der Stadt Jauernig – dem späteren Javorník – auf einem nach Norden steil abfallenden felsigen Vorsprung des östlichen Sudentenrandbruches. Seit 1296 mit Stadtrechten ausgestattet, war der Ort von einem imposanten Gebirgspanorama umgeben. Im Westen stieg das Reichensteiner Gebirge auf, im Süden das Altvatergebirge mit dem „Altvater" als höchstem Berg. Nach Osten breitete sich die Schlesische Tiefebene aus.
Am Horizont erkannte Eichendorff die Türme von Neiße, darunter den neunzig Meter hohen Turm, der zum ehemali-

gen unter Friedrich II. abgebrochenen Rathaus gehörte. Auch der freistehende Glockenturm der Jakobikirche war zu erkennen, die aus dem 15. Jahrhundert stammte. Der Dichter schrieb seinem Sohn Hermann: „Der Johannesberg ist ein begeisternder Platz, es ist ein altes Schloss samt hohem Berg, beim Schloss ist ein sehr schöner Park, von der einen Seite ist der Ausblick zu den Felsen und Waldmulden, von der anderen Seite ist der Ausblick auf das halbe Schlesien …“ Der Graf Schaffgotsch hatte Schloss und Stadt einmal in glanzvolle Zeiten geführt, doch dann ward es ruhig, Jauernig wurde zum „Dornröschen unter den schlesischen Städten“.
Eichendorff bewohnte zwei pompöse Zimmer in der fürstbischöflichen Residenz. Von der Bergspitze erschloss sich ihm ein grenzenloser Blick in das Land, so wie er es liebte. Gebirge, Ebene, Strom, Wald – dieser Vierklang bestimmte das Land Schlesien. Hier kreuzten sich die verschiedenen Kulturströmungen, hier machten Böhmen, Österreich, Süddeutschland und Preußen es zu einem geistigen Umschlagsland. Die Natur lag Joseph von Eichendorff gewissermaßen zu Füßen, aber er fühlte sich ihr nicht überlegen, sondern eins mit ihr. Er war ein Teil dieser Natur mit ihrem Werden und Vergehen. Und er spürte, dass seine Kräfte sich allmählich erschöpften wie die der Natur im Herbst, obgleich er noch so manche literarischen Pläne schmiedete. Nachdenklich blickte er von seiner hohen Warte auf sein Heimatland, zu seinen Füßen der Fluss, der der Stadt Neiße den Namen gab, und das liebenswürdige Städtchen Neiße selbst sowie die Orte Frankenstein, Silberberg, Patschkau und Ottmachau. In einem der Gärtchen unterhalb des Schlosses auf halbem Wege auf Jauernig zu befand sich ein Lusthäuschen, das Eichendorff zu seinem Lieblingsplatz erklärte und das der Bischof noch zu Lebzeiten des Dichters in „Eichendorffs-Ruh“ umbenannte.
Was machte den „Schlesier“ aus?, fragte sich Eichendorff.

Was war er für ein Mensch? Vielleicht erklärte sich aus der Schwere und dem Reichtum der vielfältigen Völkerverbindungen das Zwiespältige und Widersprüchliche, das zu beobachten war, und aus der Spannung des Wesens die geistige Regsamkeit und Aufgeschlossenheit, die Freude am künstlichen Gestalten, der Humor und das Sinnieren, die das Menschsein hier ausmachten.
Zahlreiche Dichter wie ihn hatte das Land hervorgebracht: Andreas Gryphius aus Glogau, den Vater des mittelalterlichen Lustspiels, Johann Christian Günther aus Striegau, der noch der Barockdichtung verhaftet gewesen war und nach einem unsteten Leben im Elend endete, Freiherr Friedrich von Logau aus Brockut bei Nimptsch, Mitglied der „Fruchtbringenden Gesellschaft“, ein Mann von großer Sprachkraft und scharfer Denker, Heinrich Laube aus Sprottau, führender Vertreter des Jungen Deutschland, und Gustav Freytag, der Kritiker sozialer Missstände, von dem erst kürzlich ein Kaufmannsroman mit dem Titel „Soll und Haben“ erschienen war. Mit Ehrfurcht dachte Joseph von Eichendorff an den „Schlesischen Boten“, den Dichter, Arzt und Pfarrer Angelus Silesius und an Jakob Böhme, der als Nichttheologe und einfacher Schuster über die Wesenheit und das Geistwirken Gottes tiefsinnige Gedanken formuliert hatte.

Es kamen noch immer Anfragen von Verlagen und Zeitschriften mit der Bitte um Mitarbeit oder Abdruckgenehmigungen. Doch die meisten Briefe beantwortete der Dichter nicht mehr, weil er, wie er meinte, alles gesagt hatte, was zu sagen war. Auch seinen Freund Karl von Holtei, den er aus der Breslauer Zeit so gut kannte und der ihn um ein Gedicht bat, vertröstete er mit der Bemerkung, wer auf die Siebzig zugehe, sei kein flotter Lyriker mehr. Zweimal hielt ihn der Literaturbetrieb schon für gestorben, weil man so gar nichts Neues

mehr von ihm hörte, obgleich einige wichtige Arbeiten noch der Veröffentlichung harrten und erst posthum erschienen. So stimmte er wenigstens in diesem Fall mit Goethe überein, der auch einmal für tot erklärt worden war, obgleich er sich seines Lebens noch erfreute.
Wie sehr Fürstbischof Förster den kränkelnden Baron schätzte, ging aus seinem letzten Brief vom 25. September 1857 hervor, der die Ahnung vom Abschied ausdrückte: „Verehrtester Herr und Freund! Indem ich für die lieben Zeilen vom 18. d. M., welche mir Ihre glückliche Ankunft in Neiße meldeten, danke, wird es mir schwer, Ihnen die Gefühle zu schildern, mit welchen ich Sie diesmal habe scheiden sehen. Im vorgeschrittenen Lebensalter ist es ohnehin immer eine tiefere Wehmut, welche die Trennung von lieben Freunden erzeugt; diesmal mochte das längere Gewöhntsein an Ihre mir so werte Nähe und meine andauernde Kränklichkeit diese Wehmut noch verstärken. Auch haben Sie uns nicht nur sich selbst, sondern auch den lieben blauen Himmel und die Schwalben unter dem Himmel und die Blumendüfte und die letzte Sommerwärme, und ich weiß nicht was alles mit fortgenommen, und wir sehen nichts als Regenwolken, und hören nichts als das Sausen des Sturmes, und fühlen nichts als die bittere Kälte, die das Thermometer gestern bis auf vier Grad hinabdrückte. Heute endlich blickt die Sonne wieder licht und rein vom Himmel nieder, nur wünsche ich, dass sie auch bald wieder so warm scheine, als die Grüße sind, die ich Ihnen von meinem alten Felsenschlosse hinabsende in die grüne Ebene und die Sie empfangen sollen, wenn Sie von Ihrer Kindstauf … aus Mähren heimkehren.“
An der Hochzeit seines Sohnes Hermann in Honnef hatte Eichendorff aus finanziellen Gründen nicht teilnehmen können. Die Reise mit Tochter Therese zur Taufe der Enkelin Hedwig in Sedlnitz, wo Rudolf jetzt Hausherr war, war die

letzte in seinem Leben. Sie führte über Ratibor durch die vertraute Heimat, doch mieden sie Lubowitz, das der Herzog von Ratibor 1851 vom Landrat Karl Wichura erworben und renoviert hatte. Während der Fahrt fiel dem Dichter sein 1832 nach dem Verkauf des Schlosses verfasstes Gedicht wieder ein:

Aus der Heimat hinter den Blitzen rot
da kommen die Wolken her,
aber Vater und Mutter sind lange tot,
es kennt mich dort keiner mehr.

Wie bald, wie bald kommt die stille Zeit,
da ruhe ich auch, und über mir
rauschet die schöne Waldeinsamkeit
und keiner mehr kennt mich auch hier.

Die Enkelin Hedwig, die den Namen der einstigen schlesischen Herrscherin trug, an deren Lebensgeschichte Eichendorff bis zuletzt arbeitete, starb mit siebzehn Jahren 1874 in Liegnitz an Schwindsucht. Die Nachricht vom Tod mancher Enkelkinder erschütterte den Dichter in seinen letzten Jahren. Er flüchtete sich immer mehr in das Gebet und die Hoffnung auf ein besseres Leben im Himmel.

In Sedlnitz hatte sich Eichendorff nach dem Verlust von Lubowitz immer recht wohl gefühlt. Hier hatte er seinen Bruder Wilhelm zum letzten Mal getroffen, hier hatte er mit Luise schöne, vertraute Stunden verbracht, mit den Enkeln die Pflaumen von den Bäumen geschüttelt und die prachtvollen Wiesen voller Schneeglöckchen um das Schloss herum bewundert. Aus Freiberg ließ er regelmäßig den Barbier kommen, wenn er in Sedlnitz weilte. Dann ordnete er seinen Nachlass. Manche Arbeiten verbrannte er, manche Gedichte schienen ihm nicht wert, der Nachwelt überliefert zu werden. Für ihn war die Poesie die sinnliche Darstellung des Ewigen, das verhüllt ins Irdische durchschimmert. Er setzte einen hohen Maßstab an, welche seiner Werke diesem Anspruch genügten. Aus München erreichte ihn ein Brief von Paul Heyse: „Außer Geibel, der nie vergisst, wie viel er Ihnen verdankt, sind unter der Münchener Poetenschaft viele, die mich dafür beneiden, dass ich Sie einige Male gesehen und gesprochen. Ihre reiche Saat ist nicht zwischen die Felsen gefallen."

Mit besonderer Fürsorge nahm der Freiherr sich seiner „geistlichen Lieder" an, die er besonders liebte und die die Schwelle der Ewigkeit berührten. Das Gedicht „Mondnacht", 1837 entstanden, ging ihm nicht aus dem Kopf, und manchmal sagte es leise vor sich hin:

Es war, als hätt' der Himmel
die Erde still geküsst,
dass sie im Blütenschimmer
von ihm nun träumen müsst'.

Die Luft ging durch die Felder,
die Ähren wogten sacht,
es rauschten leis die Wälder,
so sternklar war die Nacht.

Und meine Seele spannte
weit ihre Flügel aus,
flog durch die stillen Lande,
als flöge sie nach Haus.

Eichendorffs Marienverehrung war allgemein bekannt. Manches Gedicht hatte er der Gottesmutter, der Mutter Anna oder

der Heiligen Familie gewidmet. Er kannte die Wallfahrtskirche St. Anna auf dem Rosenberg, dessen Schrotholzbau aus dem Jahre 1518 ihn an nordische Bauten erinnerte. Es erschütterte ihn, dass nach der neutestamentlichen Erzählung Maria und Joseph den kleinen Jesus vor den Nachstellungen des Königs Herodes in Sicherheit bringen mussten. Das Gedicht „Die Flucht der Hl. Familie“ schrieb er mit Herzblut.

Länger fallen schon die Schatten,
durch die kühle Abendluft,
waldwärts über stille Matten
schreitet Joseph von der Kluft,
führt den Esel treu am Zügel,
linde Lüfte fächern kaum,
’s sind der Engel leise Flügel,
die das Kindlein sieht im Traum.
Und Maria schauet nieder
auf das Kind voll Lust und Leid,
singt im Herzen Wiegenlieder
in der stillen Einsamkeit.
Die Johanniswürmchen kreisen
emsig leuchtend über’n Weg,
wollen der Mutter Gottes weisen
durch die Wildnis jeden Steg.
Und durchs Gras geht süßes Schaudern,
streift es ihres Mantels Saum,
Bächlein auch lässt jetzt sein Plaudern,
und die Wälder flüstern kaum,
dass sie nicht die Flucht verraten.
Und das Kindlein hob die Hand,
da sie ihm so Liebes taten,
segnete das stille Land,
dass die Erd’ mit Blumen, Bäumen

fernerhin in Ewigkeit
nächtlich muss vom Himmel träumen –
o gebenedeite Zeit!

Zu den Dokumenten, die Joseph von Eichendorff bei seinen Aufräumarbeiten nicht vernichten wollte, gehörte ein Brief Wilhelms von einem Besuch mit seiner Frau in Lubowitz, der Joseph seltsam berührte. „Ich war ganz allein“, schrieb Wilhelm. „Vor dem Dorf auf dem Wall ließ ich halten und ging zu Fuß hinein. Die Blätter spielten schon ins Rote und Gelbe, und eine herbstliche Stille lag über der weit ausgebreiteten Gegend. Vieles war auf eine störende Weise verändert. Ich wagte es, in den Hof zu gehen, ich schlich wie ein Verbannter. Ich warf einen flüchtigen Blick in den Obstgarten hinter der ehemaligen Küche, den Tummelplatz unserer kindlichen Freuden. Dann wagte ich mich weiter bis unter die Fenster des Aales. Ich sah hindurch bis jenseits im Garten in die Allee und in ein Feld von Astern, die aus dem matten Grün herausschimmerten. Im Saale putzte man, hing Lüstres auf, und schien ein Fest vorzubereiten. Da erfasste mich plötzlich ein Schauder, so gewaltig, dass ich die Flucht ergriff. Vor der Kirche blieb ich stehen. Sie war gesperrt. Endlich fasste ich Mut, den Mesner zu bitten, sie aufzuschließen. Links in der Kapelle lag mein Vater, rechts meine Mutter, draußen lachten ein paar Bauernmädchen, die vom Feld zurückkehrten. Als ich ging, bat mich der Mesner um meinen Namen, weil der Pfarrer neugierig sein würde. Ich antwortete, er möchte den Pfarrer von einem Herrn aus Italien grüßen, der in Lubowitz wohl bekannt wäre. Der Mesner sah mich nachdenklich an und ließ mich gehen. Kaum aber hatte der Postillon die Pferde in Bewegung gesetzt, als es plötzlich ‚halt, halt‘ hinter mir herrief. Es war der Mesner. Außer Atem stürzte er vor mir nieder, benetzte meine Hand mit Tränen und rief: Sie sind der Sohn meiner Wohltäter! – Dieses kleine, buchstäblich wahre Abenteuer, das gut beschrieben, in einem tränenschwangeren Roman seinen Effekt nicht verfehlen würde, war das Merkwürdigste meiner Reise …"

Zur Lebensbeschreibung der hl. Hedwig, der Patronin Schlesiens, hatte Fürstbischof Heinrich Förster Eichendorff ermuntert. Hedwigs Leben fiel in eine Zeit, in der sich die beiden schlesischen Herzogtümer Breslau und Ratibor durch den Zuzug deutscher Siedler festigten. Hedwig war die Tante der hl. Elisabeth von Thüringen. Eichendorff beschäftigte sich in diesem Zusammenhang mit der Frage, wie ein Mensch heilig werden konnte. Auch machte er sich Gedanken um die zeitgemäße Gestaltung von Gebet- und Liederbüchern. Manche Texte erschienen ihm zu antiquiert, nicht mehr aussagekräftig genug für die neue Zeit, und er fragte: „Wir haben so viele schöne geistliche Lieder und Sprüche von Friedrich Schlegel, von Werner Clemens Brentano, von den ungenannten Dichtern in Diepenbrocks ‚Geistlichem Blumenstrauß' und von Annette von Droste-Hülshoff in ihrem herrlichen ‚Geistlichen Jahr'. Warum werden sie in unseren stereotypen Gesang- und Gebetbüchern nicht zur Erfrischung des religiösen Sinnes genutzt?" Der Münsterländer Melchior Freiherr von Diepenbrock, Regensburger Domherr und Generalvikar, Mitglied des Frankfurter Parlaments, hatte 1829 die erste und 1852 die zweite Auflage seines „Geistlichen Blumenstraußes" publiziert.
Noch einmal musste der Dichter sich von einem lieben Menschen verabschieden, der, obgleich sein Vorgesetzter, ihm doch stets freundschaftlich verbunden war und dessen konsequente Haltung gegenüber der preußischen Obrigkeit er immer geschätzt hatte: Theodor von Schön starb am 23. Juli 1856. Dessen Sohn Hermann schrieb an Eichendorff: „Dem

Freunde unseres geliebten Vaters können wir, seine trauernden Kinder, nicht umhin, dessen am 23ten d. M. nachmittags 3 ½ Uhr erfolgten Tod noch besonders mitzuteilen. Die letzten Tage seines Lebens wie der Augenblick des Scheidens waren wie sein früheres Leben in tiefem Frieden mit allem. Keine besondere Krankheit war die Veranlassung des Todes, sondern allein das Schwinden aller Körperkräfte."

Eichendorff, durch Nachrichten wie dieser tief getroffen, fühlte sich von Tag zu Tag matter und müder werden. Aber noch stand ja der Sommer vor der Tür mit seinem Lebensmut und Tatendrang. Die Farben, die Düfte, die der Dichter so oft besungen hatte, kehrten in Fülle zu ihm zurück, als wollten sie sich bedanken für die schönen Verse, mit denen er sie zeitlebens besungen hatte.

„Vater, es ist kalt draußen. Ich bitte dich, den Pelz anzuziehen. In deinem dünnen Obergewand wirst du dich erkälten." Fast flehentlich kam Thereses Bitte.

Eichendorff schüttelte den Kopf. „Ich sehe täglich Männer, die keinen Pelz besitzen, weil sie sich ihn nicht leisten können."

Nach dem Frühgottesdienst, den er fast regelmäßig besuchte, auch wenn der Weg zum Gotteshaus und zurück von Woche zu Woche länger zu werden schien, frühstückte er, von seiner Tochter liebevoll betreut, und setzte sich dann für ein, zwei Stunden an den Schreibtisch, das Fenster zur Straße einen Spalt geöffnet, und die vertrauten Geräusche des Alltags gaben ihm das Gefühl, dass er am Leben noch teilnahm.

Eines Tages hörte er eine junge, helle Mädchenstimme die Straße heraufkommen, erst noch fern, dann deutlicher und lauter, aber dennoch zart und wie zerbrechlich. Die Melodie, die sie sang, war ihm fremd, aber der Text, ja, dieser Text war ihm so vertraut! Wie oft hatte er ihn, nachdem er ihn vor

Jahren zu Papier gebracht hatte, immer wieder vor sich hingesagt, auf seinen Wanderungen in den Bergen, durch die märchenhaft tiefen Wälder, in den Wiesenlandschaften der Oder, ja selbst in Berlin im Droschkenlärm und Menschengewühl.
„Wem Gott will rechte Gunst erweisen …"
Eichendorff erhob sich. Er legte den Hausmantel um die Schultern und trat ans Fenster. Das Kind war noch einige Schritte von seiner Haustür entfernt und es sang, als ob die Welt ringsum es nichts anginge, in Gedanken vor sich hin. Als es vor dem Hause angekommen war, räusperte sich Eichendorff, um es nicht zu erschrecken, und winkte ihm zu. Das Mädchen blieb stehen und blickte überrascht auf.
„Du scheinst ja ein fröhliches Kind zu sein, weil du auf dem Heimweg so schön singst. Kommst du aus der Schule?"
Das Mädchen bejahte. Es mochte etwa zehn Jahre alt sein.
„Darf ich fragen, wie du heißt?"
„Elisabeth heiße ich, Herr."
„Und weißt du auch, wer das Lied gemacht hat, das du soeben gesungen hast?"
Elisabeth überlegte einen Augenblick, dann schüttelte es verneinend den Kopf.
„Ich weiß nur, dass es ‚Der frohe Wandersmann' heißt und dass wir es in der Schule gelernt haben."
Eichendorff lächelte. „Ich habe den Text vor vielen, vielen Jahren gedichtet."
„Sie, Herr?" Sie staunte und sah ihn mit großen Augen an.
„Ja."
Dann begann er langsam und deutlich zu sprechen:

„Wem Gott will rechte Gunst erweisen,
den schickt er in die weite Welt;
dem will er seine Wunder weisen
in Berg und Wald und Strom und Feld."

Sofort sagte das Mädchen die zweite Strophe:

„Die Trägen, die zu Hause liegen,
erquicket nicht das Morgenrot,
sie wissen nur von Kinderwiegen,
von Sorgen, Last und Not um Brot.“

„Wunderschön hast du das gesagt, Elisabeth. Wanderst du auch gern?“
„Ja. Mit Vater und Mutter und meinen Geschwistern. An jedem Sonntagnachmittag, sofern es nicht regnet, sind wir unterwegs. Nur die Großmutter kann leider nicht mehr mit. Sie ist nicht gut zu Fuß.“
„Und singt ihr auch auf euren Wegen?“
Elisabeth lachte hell auf, dann begann sie zu singen:

„Die Bächlein von den Bergen springen,
die Lerchen schwirren hoch vor Lust,
was sollt ich nicht mit ihnen singen
aus voller Kehl und frischer Brust?“

„Ich glaube, dann können wir die letzte Strophe gemeinsam anstimmen, ja?“
Während das Mädchen mit seiner klaren Stimme begann, versuchte Eichendorff, die Melodie zu halten:

„Den lieben Gott lass ich nur walten;
der Bächlein, Lerchen, Wald und Feld
und Erd und Himmel will erhalten,
hat auch mein Sach aufs Best bestellt!“

Eine Träne rann über die Wange des alten Herrn. „Ich danke dir, Elisabeth. Du hast mich sehr glücklich gemacht. Aber jetzt wirst du nach Hause müssen. Sonst kommst du zu spät zum Mittagessen.“

Das Mädchen nickte. Dann hob es winkelnd die Hand, rief „Auf Wiedersehen“ und eilte die Straße hinauf. Joseph von Eichendorff sah ihm lange nach.

Diese kleine zu Herzen gehende Begegnung vergaß er nicht. Aber auch Elisabeth konnte den alten Herrn nicht vergessen. In der nächsten Gesangsstunde in der Schule erzählte sie von ihrem Erlebnis, dass sie den Mann kenne, der den Text zum „frohen Wandersmann“ geschrieben habe.

Wenige Wochen später versammelte sich um die Mittagszeit vor dem Hause Eichendorff eine Schulklasse mit ihrer Lehrerin. Das Fenster zur Straße stand nur einen Spalt offen. Erst behutsam, dann immer kräftiger begannen Mädchen und Jungen das Wanderlied zu singen. Auf der anderen Straßenseite blieben die Menschen stehen und hörten verwundert zu. Als sie geendet hatten, erschien statt des Dichters eine Frau in der Fensteröffnung.

„Es tut mir sehr leid, dass mein Vater sich nicht persönlich für den wunderschönen Gesang bedanken kann. Er ist schwach und liegt zu Bett. Aber er dankt euch allen von ganzem, ganzem Herzen.“

Über den Heimgang Joseph von Eichendorffs berichtete seine Tochter Therese ihrem Bruder Hermann: „Am Sonntag bat mich der Vater, doch ja nicht den Zeitpunkt der Reichung der heiligen Sakramente zu versäumen … Montag früh empfing Papa bei vollem Bewusstsein und in würdiger Haltung die Sterbesakramente, seine Kräfte aber waren so erschöpft, dass er nur schwer zu verstehen war, selbst, wenn wir uns über ihn neigten… Für jede Handreichung bedankte er sich und war so sanft und still, dass ich nicht ohne tiefe Rührung daran denken kann … An seinem Todestage“ – 26. November

1857 – „war er sehr still und so ruhig und schmerzlos, dass ich glaubte, er schliefe, aber es war Täuschung. Ich setzte mich an sein Bett und außer dass er dann und wann einen ihm gereichten Löffel Ungarwein nahm oder den Kopf hob, um zu sehen, ob ich noch da sitze, verriet er kein Lebenszeichen. Die letzten Stunden lag er ganz unbeweglich, ein Bild der tiefsten Ruhe, und atmete langsam und immer langsamer, bis der Atem stockte und zuletzt ganz sanft, ohne Todesröcheln, aufhörte."
Joseph von Eichendorff wurde auf dem Jerusalemer Bergfriedhof in Neiße an der Seite seiner Frau beigesetzt.

*Text im Garten von Lubowitz:

Memento mori

Schnapp Austern,
Dukaten,
musst dennoch sterben!
Dann tafeln die Maden
und lachen die Erben.

Im Jahre 1890 verkaufte Rudolf von Eichendorff das Anwesen Sedlnitz. Den dichterischen Nachlass Joseph von Eichendorffs nahm sein Sohn Hermann an sich, der auch die erste große Biografie über seinen Vater veröffentlichte. Bei der Auflösung des Besitzes blieb unbemerkt eine Truhe zurück, deren Verbleib zunächst niemand vermisste. Man dachte wohl, sie enthielte nichts weiter als unbedeutende Wirtschaftspapiere. Die Truhe geriet in Vergessenheit und stand jahrelang in einem baufälligen Flügel des Schlosses. Im Jahre 1920 wies die inzwischen tschechische Gemeindeverwaltung den deutschen Lehrern das Schloss als Wohnung zu. Dabei stieß man auch auf die Truhe. Sie war inzwischen erbrochen, der Inhalt – dichterische Handschriften – durchwühlt worden. Ob etwas fehlte, konnte niemand mehr feststellen. Aus der Eichendorffschen Familie hatte niemand etwas an sich genommen. Doch fiel der Verdacht auf die militärische Einquartierung des Jahres 1918, der die Geschichte der Familie Eichendorff nicht mehr bekannt und die vermutlich auch der deutschen Sprache nicht mächtig war. So gingen wahrscheinlich wertvolle Manuskripte Joseph von Eichendoffs der Nachwelt verloren.

Literatur

Werner Liersch: „Dichters Ort“ – Ein literarischer Reiseführer – Greifenverlag zu Rudolstadt, 1985

Fred Oberhauser und Axel Kahrs: „Literarischer Führer Deutschland“. Insel Verlag, Frankfurt am Main und Leipzig, 2008

Günther Schiwy: „Eichendorff. Eine Biografie“. Verlag C. H. Beck, München, 2000

Willibald Köhler: „Joseph von Eichendorff. – Die schlesischen Lebensstationen des Dichters: Lubowitz – Breslau –Neiße“. Dr. Riederer Verlag, Stuttgart, ohne Jahresangabe

Joseph Freiherr von Eichendorff: „Geschichte der poetischen Literatur Deutschlands“. Verlag Ferdinand Schöningh, Paderborn, Reprint 1987

Joseph von Eichendorff: „O Täler weit, o Höhen!“ Gedichte und Lieder von Joseph von Eichendorff. Verlag Baginski und Söhne, Wrocław, 1992

„Ewig junges Herz“. Eichendorff-Impressionen. Die kleine Freundesgabe. Verlag Kemper, Heidelberg, 1947

„Eichendorff-Hefte“ Nr. 6, 2004, Herausgeber: Oberschlesische Eichendorff-Kultur- und Begegnungsstätte in Lubowitz, darin: Margarethe Korzeniewicz: „Joseph und Luise“

Hermann Korte: „Joseph von Eichendorff“, Rowohlt Taschenbuch Verlag, Reinbek bei Hamburg, 2007

„… und keiner kennt mich auch hier“. Der Dichter Joseph von Eichendorff und Köthen in Anhalt. Beiträge von Inge Streuber, Eckhard Grunewald, Norbert Pietsch, Verlag Janos Stekovics, Dößel, 2005. Veröffentlichungen der Bach-Gedenkstätte Schloss Köthen, Historisches Museum für Mittelanhalt.

Volkmar Stein: „Joseph von Eichendorff – Ein Lebensbild.“ Stiftung Kulturwerk Schlesien. Würzburg, 1993

Prof. Dr. Anselm Salzer: „Illustrierte Geschichte der deutschen Literatur von den ältesten Zeiten bis zur Gegenwart“, Band 3, Neunte und zehnte Periode: Von der Romantik bis zur Gegenwart, Allgemeine Verlags-Gesellschaft, München, ohne Jahresangabe

Herder Lexikon, Literatur 2, Biographisches Wörterbuch, Herder Freiburg, Basel, Wien 1975

Stehr, Hermann, „Schlesien“, Verlag Velhagen & Klasing, Bielefeld-Berlin-Hannover, 1954

Danken möchte ich auch den Herren Georg Weißbrich, Kirchhundem, Günther Gröger, Wenden, sowie Norbert Pietsch, Köthen, für ihre freundliche Unterstützung.

Eichendorffs Werke

1803, 20. Mai: „Am Grabe unseres Bruders“
1804, 16. Februar: „An dem Grabe meines Freundes Jakob Müller“
1808, 29. März: Eichendorff schickt Gedichte an Prof. Friedrich Ast in Landshut für dessen „Zeitschrift für Wissenschaft und Kunst“.
Gedichte Eichendorffs erscheinen unter dem Pseudonym „Florens“.
1810, Oktober: Die Lieder „Abschied“ („O Täler weit, o Höhen“) und „Der Jäger Abschied“ („Wer hat dich, o schöner Wald“) entstehen.
Beginn der Niederschrift von „Ahnung und Gegenwart“,
Trauerspiel „Hermann und Thusnelda“ (unvollendet)
„Das zerbrochene Ringlein“
1812, Herbst: Roman „Ahnung und Gegenwart“ vollendet
1813, Dezember: Veröffentlichung des Liedes „In einem kühlen Grunde“
1814, 2. Dezember: Das „Soldatenlied“ entsteht, angeblich der schönste Schlachtgesang der Romantik.
1815, August: Gedicht „An die Freunde“
„Ahnung und Gegenwart“ wird gedruckt
1817, Sommer: Niederschrift der Novelle „Das Marmorbild“
1818, 27. April: „Über die Folgen von der Aufhebung der Landeshoheit der Bischöfe und der Klöster in Deutschland“. 1866 gedruckt unter dem Titel „Die Aufhebung der geistlichen Landeshoheit und die Einziehung des Stifts- und Klostergutes in Deutschland“
1819, Dezember: Die Novelle „Das Marmorbild“ wird in Fouqués „Frauentaschenbuch“ abgedruckt.

1822, Juni: Das dramatische Märchen „Krieg den Philistern“ ist fertiggestellt.
1823, Herbst: Szenen aus „Krieg den Philistern“ in den „Deutschen Blättern für Poesie, Literatur usw.“ abgedruckt
Ein Kapitel „Aus dem Leben eines Taugenichts“ erscheint in den „Deutschen Blättern“.
Das Lied „O Maria, meine Liebe“ entsteht auf Wunsch des Bischofs von Ermland.
1824, 23. September: „Krieg den Philistern“ erscheint bei Ferdinand Dümmler in Berlin.
1826: Die Novellen „Aus dem Leben eines Taugenichts“ und „Das Marmorbild“ erscheinen mit 48 Gedichten in der Vereinsbuchhandlung Berlin.
1827: Die Tragödie mit Gesang und Tanz „Meierbeths Glück und Ende“ in „Gubitzens Gesellschafter“
1828: „Meierbeths Glück und Ende“ erscheint in der Vereinsbuchhandlung Berlin.
Das Trauerspiel „Ezelin von Romano“ erscheint bei Bornträger, Königsberg.
1830: Das Trauerspiel „Der letzte Held von Marienburg“ kommt in Hartungs Hofdruckerei in Königsberg heraus.
„Die konstitutionelle Pressegesetzgebung in Deutschland“ – Politische Abhandlung über preußische Verfassungsfragen
„Preußen und die Konstitutionen“
1832: Liederzyklus „Auf meines Kindes Tod“ ist fertig.
Die Novelle „Viel Lärm um Nichts“ in „Gubitzens Gesellschafter“
„Über Pressfreiheit“
1833: „Über (Verfassungs-)Garantien“
Gedichte im „Deutschen und Schlesischen Musenalmanach“
Das Lustspiel „Die Freier“ kommt bei Fr. Brodhag in Stuttgart heraus.

1834: Die Novelle „Dichter und ihre Gesellen“ erscheint bei Duncker & Humblot in Berlin.
„Auch ich war in Arkadien“, eine Phantasie, wird fertiggestellt.
1835: Die Novelle „Eine Meeresfahrt“ erscheint.
1836: Das Lustspiel „Wider Willen“ wird vollendet.
Eichendorff beginnt mit dem Studium der älteren spanischen Literatur.
Die Anthologie „Gedichte“ erscheint bei Duncker & Humblot in Berlin.
1837: Die Novelle „Das Schloss Dürande“ kommt bei „Urania“ heraus.
1838: Eichendorff schreibt an der unvollendeten Novelle „Unstern“.
1839: Die Novelle „Die Entführung“ erscheint bei „Urania“.
1840: „Der Graf Lucanor“ erscheint bei Simion in Berlin.
1841, 12. Januar: Die Novelle „Die Glücksritter“ wird im „Rheinischen Jahrbuch für Kunst und Poesie“ abgedruckt.
Entwurf zu einer „Tragikomödie“
„Erzählung des stolzen Landknechts Schreckenberger“
1841: „Das Inkognito“ („Alt und Neu“), Puppenspiel
Die Sammlung „Werke“ erscheint bei M. Simion, Berlin.
1843: Abfassung einer Geschichte der Wiederherstellung der Marienburg
Das Schauspiel „Johann von Werth“ bleibt unvollendet.
1844: „Die Wiederherstellung des Schlosses der Deutschen Ordensritter zu Marienburg“ erscheint in Königsberg.
1846, Herbst: „Geistliche Schauspiele von Don Pedro Calderon de la Barca, 1. Band Stuttgart und Tübingen
„Zur Geschichte der neueren romantischen Poesie in Deutschland, Hist.-pol. Blätter, Bd. 17
Rezension „Landsknecht und Schreiber“
1847, Herbst: „Über die ethische und religiöse Bedeutung

der neueren romantischen Poesie in Deutschland“, bei Liebeskind, Leipzig
„Brentano und seine Märchen“
„Ida Gräfin Hahn-Hahn“, Hist.-pol. Blätter
1948: „Die neue Poesie Österreichs“
„Die geistliche Poesie Deutschlands“, Hist.-pol. Blätter
1849: „Libertas und ihre Freier“, ein Märchen
„Preußen und die Konstitution“
Gedichte von Leberecht Dreves herausgegeben, A. Duncker, Berlin
1850: Dritte Auflage der Calderon-Übersetzungen
1851: „Der deutsche Roman des 18. Jahrhunderts in seinem Verhältnis zum Christentum“, Brockhaus, Leipzig
1852, November: Beginn der Ausarbeitung des Epos „Julian“
1853: Niederschrift „Zur Geschichte des Dramas“
„Julian“ erscheint bei Voigt und Günther, Leipzig.
„Geistliche Schauspiele von Don Pedro Calderon de la Barca“, 2. Band
1864, November: „Zur Geschichte des Dramas“ erscheint bei Brockhaus, Leipzig
1855, Frühjahr: „Robert und Guiscard“ erscheint bei Voigt und Günther, Leipzig
1856, Sommer: Abschluss der „Geschichte der poetischen Literatur Deutschlands“
Vorwort zum „Tagebuch eines Einsiedlers“
1857: „Geschichte der poetischen Literatur Deutschlands“ erscheint bei Ferdinand Schöningh, Paderborn.
Februar: „Epos Lucius“ vollendet
Juli: „Lucius“ erscheint bei Voigt und Günther, Leipzig.
„Leben der hl. Hedwig“, Entwurf

Eichendorffs Dichterkollegen

Alexis, Willibald (Wilhelm Häring), dt. Schriftsteller, geb. 1798 in Berlin, gest. 1871 in Arnstadt, schrieb Romane aus der Preußischen Geschichte.

Arndt, Ernst Moritz, dt. Schriftsteller, geb. 1769 auf Rügen, gest. 1860 in Bonn, Professor für Geschichte in Greifswald und Bonn, Kämpfer gegen Napoleon, schrieb Freiheits- und geistliche Lieder, verfasste politische und historische Schriften.

Arnim, Achim von, dt. Dichter der jüngeren Heidelberger Romantik, geb. 1781 in Berlin, gest. 1831 auf Gut Wiepersdorf (Mark Brandenburg), gab mit Brentano „Des Knaben Wunderhorn“ heraus.

Arnim, Bettina von, dt. Schriftstellerin, geb. 1785 in Frankfurt, gest. 1859 in Berlin, Schwester Brentanos, seit 1811 Gattin von Achim von Arnim, fand Anschluss an den Kreis der Romantiker, schrieb Romane wie „Die Günderode“, Verehrerin Goethes.

Böhme, Jakob, ev. Mystiker und Theosoph, geb. 1575 in Schlesien, gest. 1624 in Görlitz, Beruf Schuster, später Händler, verfasste eigenwillige phil. Schriften über Gottes Wirken und Wesenheit.

Brentano, Clemens, dt. Dichter, geb. 1778 in Ehrenbreitstein, gest. 1842 in Aschaffenburg, begründete mit Arnim die Heidelberger Romantik, gab mit ihm die Volksliedsammlung „Des Knaben Wunderhorn“ heraus, Freundschaft mit der stigmatisierten Anna Katharina Emmerick.

Bürger, Gottfried August, geb. 1747 in Molmerswenda (Harz), gest. 1854 in Göttingen, Professor in Göttingen, Schriftsteller.

Chamisso, Adalbert von, dt. Schriftsteller, geb. 1781 in Boncourt (Champagne), gest. 1833 in Berlin, preußischer Offizier, schrieb phantastische Balladen („Das Riesenspielzeug“, „Peter Schlemihl“).

Claudius, Matthias, dt. Dichter, geb. 1740 in Reinfeld (Holstein), gest. 1815 in Hamburg, redigierte den „Wansbecker Boten“, schrieb Gedichte („Der Mond ist aufgegangen“).

Dreves, Lebrecht Blücher, dt. Dichter, geb. 1816 in Hamburg, gest. 1870 in Feldkirch (Voralberg), Patenkind des Feldmarschalls Blücher, kath. Konvertit, schrieb u.a. die Geschichte der kath. Gemeinden in Hamburg und Altona.

Droste-Hülshoff, Annette Freiin von, geb. 1797 in Haus Hülshoff bei Münster, gest. 1848 in Meersburg (Bodensee), bedeutende deutsche Dichterin, schrieb Balladen, Gedichte Novellen („Die Judenbuche“).

Fallersleben, Hoffmann von, (August Heinrich), geb. 1797 in Fallersleben bei Lüneburg, gest. 1874 in Schloss Corvey bei Höxter, Professor, Bibliothekar, verfasste u.a. zahlreiche Kinderlieder („Alle Vögel sind schon da, „Kuckuck, Kuckuck ruft's aus dem Wald“), wegen seiner „politischen Lieder“ Verlust der Professur in Breslau, schrieb 1841 das „Deutschlandlied“.

Fichte, Johann Gottlieb, dt. Philosoph, geb. 1762 in Rammenau (Oberlausitz), gest. 1814 in Berlin, dort Mittelpunkt des Romantikerkreises.

Fontane, Theodor, dt. Schriftsteller, geb. 1819 in Neuruppin, gest. 1898 in Berlin, Apotheker, Redakteur, Theaterkritiker, Kriegsberichterstatter, Romancier, Vollender des Realismus.

Fouqué, Friedrich de la, dt. Schriftsteller, geb. 1777 in Brandenburg, gest.1843 in Berlin, Spätromantiker, schrieb Dramen, Romane („Undine“).

Freytag, Gustav, dt. Schriftsteller, geb. 1816 in Kreuzburg (Schlesien), gest. 1895 in Wiesbaden, schilderte in seinen Werken das arbeitsame Bürgertum des 19. Jh. und die Nöte der Zeit.

Geibel, Emanuel, dt. Schriftsteller, geb.1815 in Lübeck, gest. 1884 ebenda, Haulehrer in Athen, Vorleser Maximilians II. in München, Hauptvertreter des Münchener Dichterkreises
Goethe, Johann Wolfgang von, geb. 1749 in Frankfurt, gest. 1832 in Weimar, bedeutendster dt. Dichter, vielseitiges Genie, Dramatiker, Romanist, Lyriker, Geheimer Rat am Hof in Weimar.
Görres, Johannes Josef von, geb. 1776 in Koblenz, gest. 1848 in München, Begründer und Herausgeber des „Rheinischen Merkur", enge Verbindung zum Romantikerkreis, Herausgeber des „Teutschen Volksbuches".
Grillparzer, Franz, österr. Dichter, geb. 1791 in Wien, gest. 1872 ebenda, Staatsbeamter, Hofrat, schrieb zahlreiche Dramen („Des Meeres und der Liebe Wellen").
Grimm, Jakob, geb. 1785 in Hanau, gest. 1863 in Berlin.
Grimm, Wilhelm, geb. 1786 in Hanau, gest. 1859 in Berlin, beide waren Bibliothekare, Professoren, Begründer der Sagenforschung, Herausgeber der „Kinder- und Hausmärchen".
Grimmelshausen, Hans Jakob Christophel, dt. Schriftsteller, geb. um 1622 in Gelnhausen (Hessen), gest. 1676 in Renchen (Baden), erlebte die Wirren des 30-jährigen Krieges, verfasste den ersten großen deutschen Zeitroman „Der abenteuerliche Simplizissimus".
Gryphius, Andreas, dt. Dichter, geb. 1616 in Glogau, gest.1664 ebenda, bedeutendster Barockdramatiker deutscher Sprache.
Günther, Johann Christian, dt. Dichter, geb. 1695 in Strigau, gest. 1723 in Jena, schrieb zeitgebundene (Liebes-)Gedichte und Satiren, Vorläufer der Ausdruckslyrik Goethes.
Heyse, Paul, dt. Dichter, geb. 1830 in Berlin, gest. 1914 in München, führend im Münchener Dichterkreis, schrieb Novellen, Dramen, Romane, 1910 geadelt.
Hoffmann, Ernst Theodor Amadeus (E.T.A.), dt. Dichter und

Komponist, geb. 1776 in Königsberg, gest. 1822 in Berlin, ferner Jurist, Regisseur, Kapellmeister, Spätromantiker.
Holtei, Karl von, dt.- österr. Schriftsteller, geb. 1798 in Breslau, gest.1810 ebenda, verfasste Dramen, Liederspiele, Lieder, Romane, war Schauspieler und zeitweise Theaterdirektor.
Humboldt, Wilhelm von, geb. 1767 in Potsdam, gest. 1835 in Tegel, gründete die Berliner Universität, der Klassik und dem Deutschen Idealismus verbunden.
Humboldt, Alexander von, einer der bedeutendsten deutschen Naturforscher, Bruder von Wilhelm, geb. 1769 in Berlin, gest. 1853 ebenda, unternahm zahlreiche Forschungsreisen.
Iffland, August Wilhelm, dt. Schauspieler und Schriftsteller, geb. 1759 in Hannover, gest. 1814 in Berlin, Schauspieldirektor in Mannheim und Berlin.
Kerner, Justinus, dt. Schriftsteller und Arzt, geb. 1786 in Ludwigsburg, gest. 1862 in Weinsberg, dem Mittelpunkt des Schwäbischen Dichterkreises, schrieb zahlreiche Gedichte und Erzählungen („Die Seherin von Prevorst").
Kleist, Heinrich von, dt. Schriftsteller, preußischer Offizier, geb. 1777 in Frankfurt (Oder), gest. 1811 in Wannsee, zahlreiche Novellen, Schauspiel „Der zerbrochene Krug".
Körner, Karl Theodor, geb. 1781 in Dresden, gefallen 1817 bei Gadebusch bei Schwerin, Theaterdirektor in Wien, schrieb Lustspiele, Tragödien, Kriegslieder, Lyriker der Befreiungskriege.
Kotzebue, August von, dt. Schriftsteller, geb. 1761 in Weimar, gest. 1819 in Mannheim (ermordet), stand in russischen Diensten, war Theaterdichter in Wien, seit 1800 wieder in Russland, nach Sibirien verbannt und begnadigt, 1817 Berichterstatter des Zaren in Deutschland.
Laube, Heinrich, dt. Schriftsteller, geb. 1806 in Sprottau,

gest.1844 in Wien, verspottete in seinen „Reisenovellen“ die politischen Zustände seiner Zeit, Direktor des Wiener Burgtheaters, des Leipziger und des Wiener Stadttheaters.

Logau, Friedrich Freiherr von, dt. Dichter, geb. 1604 in Brockuth, gest. 1655 in Liegnitz, bedeutendster Epigrammatiker des deutschen Barock.

Lessing, Gotthold Ephraim, dt. Dichter, geb. 1729 in Kamenz, gest. 1781 in Braunschweig, Bibliothekar in Wolfenbüttel, Vollender der Aufklärung, Vorbereiter der Klassik („Nathan der Weise“).

Loeben, Otto Heinrich Graf von, dt. Schriftsteller, geb. 1786 in Dresden, gest. 1825 ebenda, mit Eichendorff, Brentano, Achim befreundet, schrieb sentimentale Lyrik.

Novalis (Friedrich von Hardenberg), dt. Dichter, geb. 1772 Oberwiederstedt (Thüringen), gest. 1801 in Weißenfels, bedeutender Frühromantiker (Jena).

Paul, Jean (Johann Paul Friedrich Richter), geb. 1763 in Wunsiedel, gest. 1825 in Bayreuth, dt. Dichter, wegweisender Erzähler.

Runge, Philipp Otto, dt. Maler und Schriftsteller, geb. 1777 in Wolgast (Pommern), gest. 1810 in Hamburg, Romantiker.

Schelling, Friedrich Wilhelm Josef von, dt. Philosoph, geb. 1775 in Leonberg (Württ.), gest. 1854 in Ragaz, studierte mit Hegel und Hölderlin, von Goethe und Fichte nach Jena berufen.

Schiller, Friedrich von, geb. 1759 in Marbach (Neckar), gest. 1805 in Weimar, neben Goethe der beaknnteste Dichter der Klassik, verfasste zahlreiche Dramen wie „Die Räuber“, „Don Carlos“, „Maria Stuart“, „Wilhelm Tell“, „Die Jungfrau von Orleans“ u. a., aber auch zahlreiche Balladen und Schriften.

Schlegel, August Wilhelm von, dt. Schriftsteller, geb. 1767 in Hannover, gest. 1845 in Bonn, gab mit Bruder Friedrich die Zeitschrift „Athenaeum“ heraus, Professor in Bonn, bedeutender Übersetzer.

Schlegel, Friedrich von, dt. Schriftsteller, geb. 1772 in Hannover, gest. 1829 in Dresden, Begründer der romantischen Schule und ihr führender Geist.

Schlegel, Dorothea Friederike, Literaturkritikerin und Schriftstellerin der Romantik, geb. 1764 in Berlin, gest. 1839 in Frankfurt, Tochter des jüdischen Aufklärers Moses Mendelssohn, Lebensgefährtin und spätere Ehefrau von Friedrich Schlegel.

Silesius, Angelus (Schlesischer Bote/Engel), dt. Lyriker, Theologe, Arzt, Konvertit, Priester, hieß eigentlich Johannes Scheffler, geb. 1624 in Breslau, gest. 1677 ebenda, schrieb u. a. „Der cherubinische Wandersmann“.

Stifter, Adalbert, österr. Dichter, geb. 1805 in Oberplan (Böhmerwald), gest. 1888 in Linz, Privatlehrer, Maler, Schulrat, Konservator in Linz, schrieb Romane wie „Der Nachtsommer“.

Tieck, Ludwig, dt. Schriftsteller, geb. 1773 in Berlin, gest. 1853 ebenda, bedeutender Anreger der Romantik.

Uhland, Ludwig, dt. Schriftsteller, geb. 1787 in Tübingen, gest. 1862 ebenda, Advokat, Mitglied des Frankfurter Parlaments, Haupt der Schwäbischen Dichterschule, Lyrik mit romantischen Motiven in schlichter, volksliedhafter Form.

Voß, Johann Heinrich, dt. Schriftsteller, geb. 1751 in Sommersdorf, gest. 1826 in Heidelberg, bekannt durch seine Homer-Übersetzung, Herausgeber des „Göttinger Musenalmanachs“.